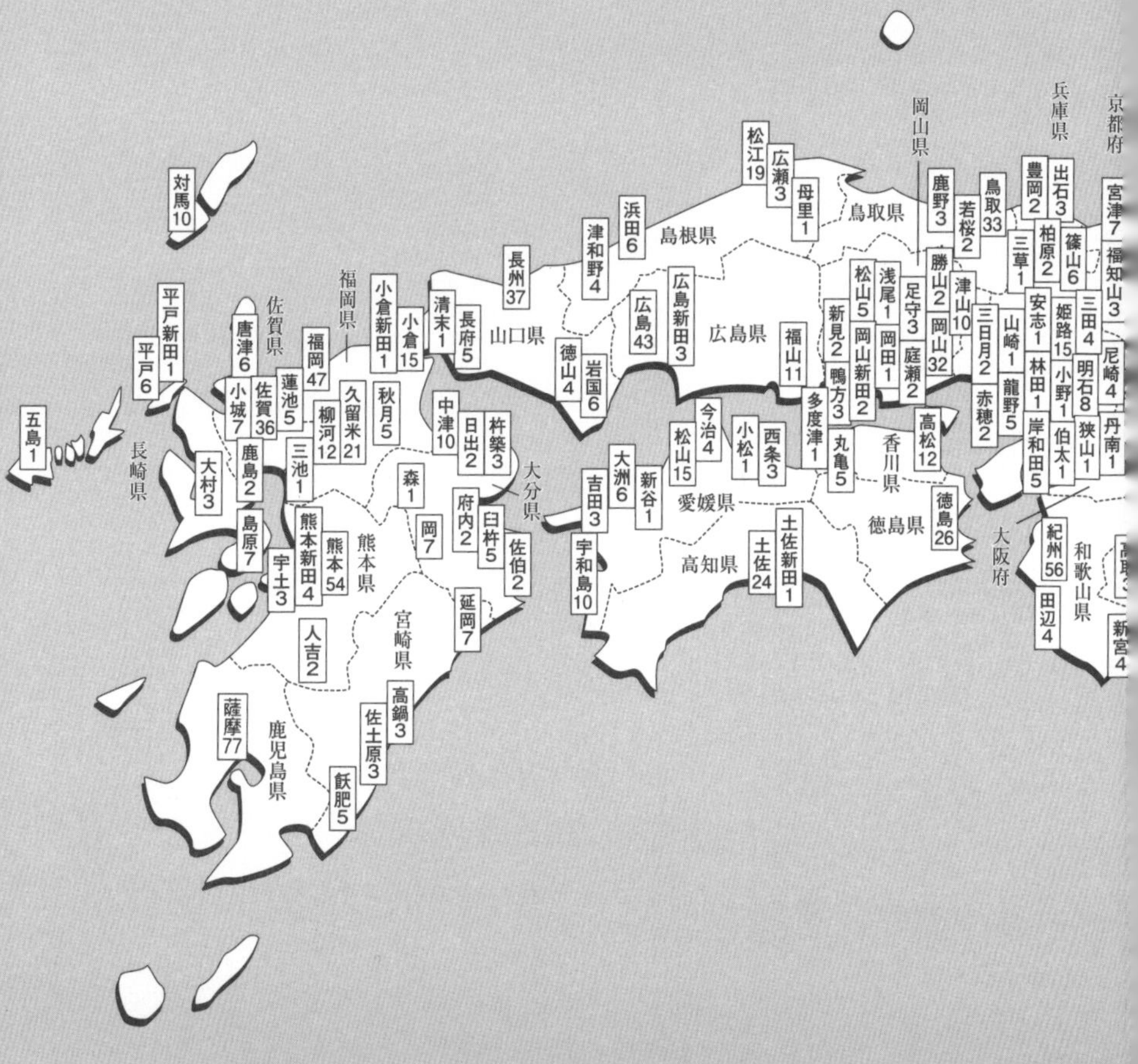
対馬10
平戸新田1
平戸6
五島1
長崎県
佐賀県
唐津6
小城7
佐賀36
蓮池5
鹿島2
大村3
島原7
福岡県
福岡47
三池1
柳河12
久留米21
秋月5
小倉新田1
小倉15
中津10
日出2
杵築3
大分県
森1
府内2
臼杵5
佐伯2
岡7
熊本新田4
熊本54
熊本県
宇土3
人吉2
宮崎県
延岡7
高鍋3
佐土原3
飫肥5
薩摩77
鹿児島県
清末1
長府5
長州37
山口県
徳山4
岩国6
津和野4
浜田6
島根県
松江19
広瀬3
母里1
広島43
広島新田3
広島県
福山11
鳥取県
岡山県
鹿野3
若桜2
鳥取33
松山5
浅尾1
勝山2
津山10
足守3
岡田1
岡山32
新見2
岡山新田2
庭瀬2
鴨方3
吉田3
大洲6
新谷1
宇和島10
松山15
今治4
小松1
西条3
愛媛県
多度津1
丸亀5
香川県
高松12
徳島県
徳島26
高知県
土佐24
土佐新田1
兵庫県
豊岡2
出石3
柏原2
篠山6
三草1
山崎1
安志1
姫路15
三田4
尼崎4
三日月2
林田1
小野1
明石8
龍野5
赤穂2
岸和田5
伯太1
狭山1
丹南1
大阪府
紀州56
田辺4
和歌山県
京都府
宮津7
福知山3
新宮4

シリーズ藩物語

宇和島藩

宇神幸男……著

現代書館

プロローグ

宇和島藩史の概要

慶長十九年（一六一四）十二月二十八日、父伊達政宗とともに大坂冬の陣に参戦した伊達秀宗《ひでむね》は、将軍秀忠より伊予国宇和郡十万石を拝領し、翌慶長二十年三月十八日（七月十三日、元和と改元）、板島丸串城（宇和島城）に入城する。

秀宗の前は徳川幕府直轄領であり、その前は徳川家康の命で富田信高《のぶたか》が治め、富田の前は豊臣秀吉によって藤堂高虎が統治した。富田信高を宇和島藩祖としている例もあるが、宇和郡を領有した国持大名格・大広間詰めの外様大名伊達秀宗を宇和島藩祖とするのが一般的といえよう。伊達家は初代秀宗以後、宗利《むねとし》、宗贇《むねよし》、村年《むらとし》、村候《むらとき》、村壽《むらなが》、宗紀《むねただ》、宗城《むねなり》、宗徳《むねえ》と九代・二百五十六年間にわたって宇和島を治めた。

宇和島入部時から藩経営は多難であった。走《はしり》百姓が多く、領地は荒廃しており、政宗から借りた創業資金三万両（六万両とも）の返済問題もあった。返済をめぐって藩論が二分し、返済推進派の家老山家《やんべ》清兵衛が暗殺された。秀宗の上意討ちである。政宗はこれに激

藩という公国

江戸時代、日本には千に近い独立公国があった

江戸時代。徳川将軍家の下に、全国に三百諸侯《しょこう》★の大名家があった。ほかに寺領や社領、知行所《ちぎょうしょ》★をもつ旗本領《はたもとりょう》などを加えると数え切れないほどの独立公国があった。そのうち諸侯を何々家家中《けかちゅう》と称していた。家中は主君を中心に家臣が忠誠を誓い、強い連帯感で結びついていた。家臣の下には足軽《あしがる》層《そう》★がおり、全体の軍事力の維持と領民の統制をしていたのである。その家中を藩と後世の史家は呼んだ。

江戸時代に何々藩と公称することはまれで、明治以降の使用が多い。それは近代からみた江戸時代の大名の領域や支配機構を総称する歴史用語として使われた。その独立公国たる藩にはそれぞれ個性的な藩風《はんぷう》と自立した政治・経済・文化があった。幕藩体制とは歴史学者伊東多三郎《いとうたさぶろう》★氏の視点だが、まさに将軍家の諸侯の統制と各藩の地方分権が巧く組み合わされていた、連邦でもない奇妙な封建的国家体制であった。

今日に生き続ける藩意識

明治維新から百四十年以上経っているのに、今

怒して秀宗を勘当し、あわや改易という騒動に発展した。

秀宗は致仕して三男宗利に封を譲るが、五男宗純《むねずみ》に三万石を分知することとしたので、再び家中は騒擾《そうじょう》した。

仙台藩の介入もあって伊予吉田藩三万石が成立し、二代宗利の宇和島藩は七万石となった。三代宗贇の時に十万石の高直しを幕府に許されたが、財政はますます窮乏した。四代村年の享保年間には大飢饉が連続し、藩財政は破綻した。

三百諸侯中屈指の名君と謳われた五代村候は、倹約と併行して殖産振興につとめ、財政再建を進めたが、天明の飢饉で挫折した。六代村壽は藩士の大減俸と貨殖事業で財政の建て直しを図った。

七代宗紀は大坂商人からの借金を無利息二百年賦償還とする債務整理を断行し、藩政の各般を大改革した。その結果、六万両の蓄財に成功し、これが八代宗城の財政基盤になった。

蘭癖大名の宗城は、高野長英《ちょうえい》、大村益次郎《ますじろう》らを宇和島に招聘《しょうへい》して洋学を導入し、火薬や大砲の製造、砲台や蒸気船の建造など富国強兵策を進めるとともに、将軍継嗣問題や公武合体、雄藩連合など国事斡旋に活躍した。版籍奉還を経て、明治四年（一八七一）の廃藩置県により、九代宗徳をもって宇和島藩は終焉した。

でも日本人に藩意識があるのはなぜだろうか。明治四年（一八七一）七月、明治新政府は廃藩置県《はいはんちけん》★を断行した。県を置いて、支配機構を変革し、今までの藩意識を改めようとしたのである。ところが、今でも、「あの人は薩摩藩の出身だ」とか、「我らは会津藩の出身」と言う。それは侍出身だけでなく、藩領出身も指しており、藩意識が県民意識をうわまわっているところさえある。むしろ、今でも藩対抗の意識が地方の歴史文化を動かしている。そう考えると、江戸時代に育まれた藩民意識が現代人にどのような影響を与え続けているのかを考える必要があるだろう。それは地方に住む人々の運命共同体としての藩の理性が今でも生きている証拠ではないかと思う。

藩の理性は、藩風とか、藩是《はんぜ》とか、ひいては藩主の家風ともいうべき家訓などで表されていた。

〔稲川明雄（本シリーズ『長岡藩』筆者）〕

諸侯▼江戸時代の大名。
知行所▼江戸時代の旗本が知行として与えられた土地。
足軽層▼足軽・中間・小者など。
伊東多三郎▼近世藩政史研究家。東京大学史料編纂所所長を務めた。
廃藩置県▼藩体制を解体する明治政府の政治改革。廃藩により全国は三府三〇二県となった。同年末には統廃合により三府七二県となった。

シリーズ藩物語

宇和島藩

目次

これも宇和島

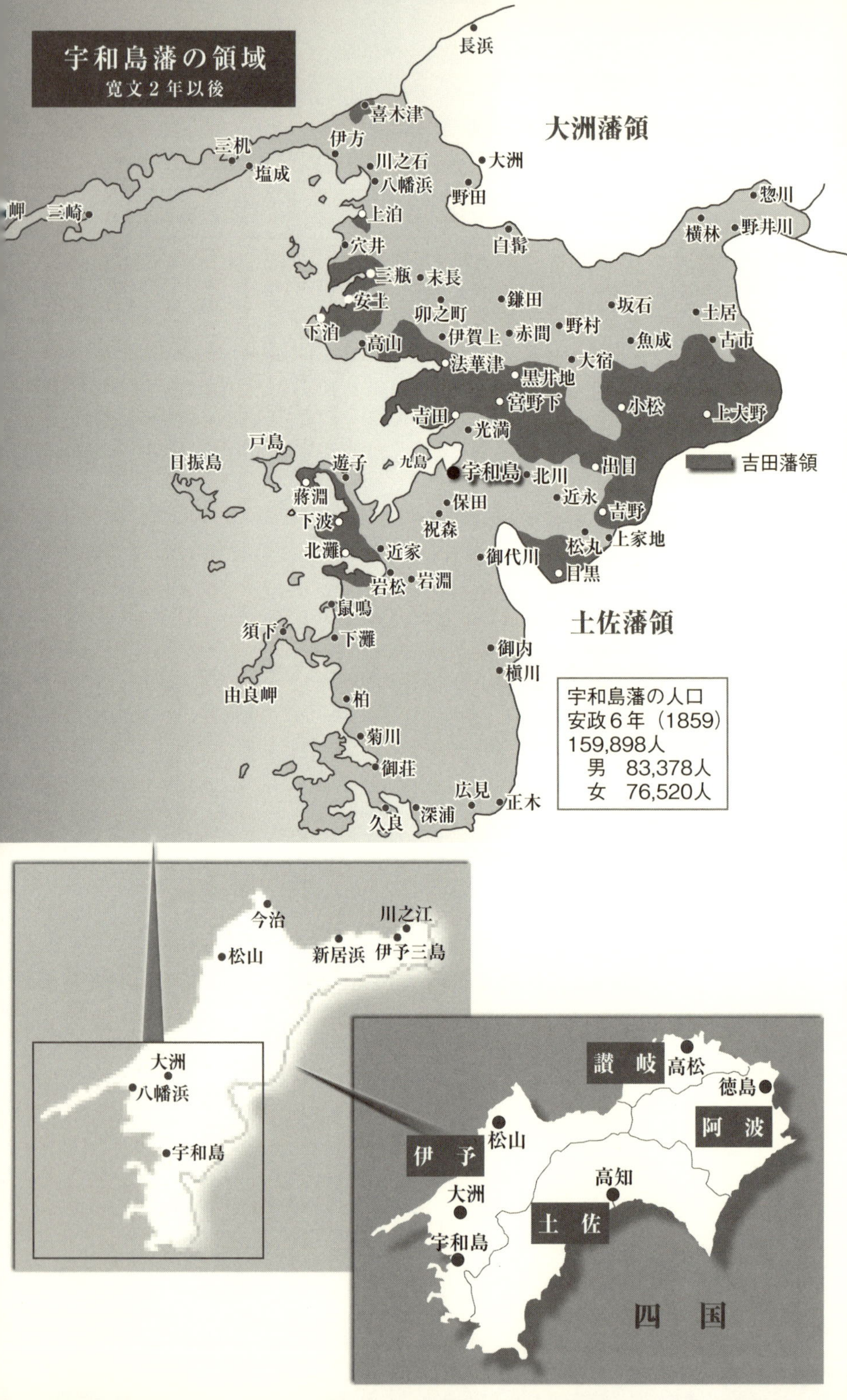
宇和島藩の領域
寛文２年以後
大洲藩領
土佐藩領
吉田藩領
長浜
喜木津
伊方
三机
塩成
川之石
八幡浜
大洲
野田
岬
三崎
上泊
穴井
白髯
惣川
横林
野井川
三瓶
末長
安土
鎌田
坂石
土居
卯之町
下泊
伊賀上
赤間
野村
魚成
古市
高山
法華津
大宿
黒井地
宮野下
小松
上大野
吉田
光満
戸島
日振島
遊子
九島
宇和島
北川
出目
蒋淵
保田
近永
下波
祝森
吉野
北灘
近家
松丸
上家地
御代川
岩松
岩淵
目黒
鼠鳴
須下
下灘
御内
槇川
由良岬
柏
菊川
御荘
広見
正木
深浦
久良
宇和島藩の人口
安政６年（1859）
159,898人
男　83,378人
女　76,520人
今治
川之江
松山
新居浜
伊予三島
大洲
八幡浜
宇和島
讃　岐
高松
徳島
阿　波
伊　予
松山
高知
大洲
土　佐
宇和島
四　国

第一章 伊達家の入部まで

藤原純友が跋扈した宇和海。戦国乱世を経て藤堂高虎、富田信高が領主に。

①藤原純友の乱、戦国期の宇和島

純友さまは賊じゃない……腐敗堕落した朝廷に弓引いた南海の快男児藤原純友。
土佐一條氏、安芸毛利氏、豊後大友氏らが入り乱れ、南伊予に戦乱が続く。
長宗我部氏に侵略された南伊予は、豊臣秀吉の圧倒的武力によって平定された。

南伊予という国

愛媛県の旧国名は伊予であり、県庁のある松山市を中心とする地域を中予地方、その東の地域を東予地方、南の地域を南予地方と呼んでいる。この、東予・中予・南予は、行政用語として、また一般用語として、愛媛県内ではごく日常的に用いられている。しかし、現実には愛媛県でしか通用しない方言に過ぎない。したがって、本書では南伊予地方、南伊予と表記する。

時代をはるかに遡れば、大宝元年（七〇一）の大宝律令制定後の南伊予地方は宇和郡《うわごおり》と呼ばれた。貞観《じょうがん》八年（八六六）、宇和郡の北部が分割され、喜多郡となる。岐多郡、北郡の表記を経て、喜多郡の初見は延喜元年（九〇一）の『日本三代実録』である。この宇和郡と喜多郡は平成十年代の市町村大合併を経て、いま

宇和島城天守三階からの宇和島湾の眺め

なお地理的区画として南伊予地方に現存している。

南伊予地方は、徳川幕藩体制下にあって明治維新まで大洲《おおず》藩六万石、新谷《にいや》藩一万石、宇和島藩十万石、吉田藩三万石の領地であった。新谷藩は大洲藩の、吉田藩は宇和島藩の支藩（分家）である。

なお、江戸時代には「藩」という言葉は一般には使われず、幕末の志士の手紙などに「尊藩」「弊藩」といった用例がみられるようになる。本書では、藩、藩主、藩士、藩政などといった用語を、便宜上、時代に関係なく用いる。

藤原純友の乱

宇和島湾の西方約二八キロの沖合に、日振島《ひぶり》がある。平地は少なく、断崖が切り立って、いかにも絶海の孤島といった趣である。沖の島という美しい属島があり、夏になると浜木綿《はまゆう》の可憐な白い花が咲き匂う。本島には喜路《きろ》、能登《のと》、明海《あこ》の三つの集落があり、現在は魚類養殖が盛んであるが、昔は海賊の巣窟《そうくつ》であった。

千年の昔、藤原純友《すみとも》麾下《きか》の海賊衆が、この日振島を根拠地にして叛乱した。『日本紀略』の承平《じょうへい》六年（九三六）六月の条に、「南海の賊徒の首藤原純友、党を結んで伊予国日振島に屯聚し、千余艘を設け、官物私財を抄劫す」とある。

藤原純友の出自は、『尊卑分脈』によると、名門である藤原北家★の出身で、藤

▼藤原北家
藤原四家（南家、北家、式家、京家）の一つで、不比等の二男房前（ふささき）の別称。平城宮の北に邸宅が位置したことから、子孫も北家と称した。

宇和島沖に浮かぶ日振島。断崖が切り立つ（左）

原冬嗣《ふゆつぐ》の曾孫良範《よしのり》の子とされている。一方、伊予国府の在地豪族高橋氏の出であるとの説もあるが、この在地豪族説は信憑性が疑われている。

純友は中央に志を得ず、承平の頃、伊予掾《いよのじょう》★に任命され、伊予国に赴任した。この頃、南海道★には海賊が横行し、瀬戸内海の海賊取り締まりは藤原純友の重要な任務の一つであった。

当時、どれほど海賊が跋扈《ばっこ》し、いかに恐れられていたか、紀貫之《きのつらゆき》の『土佐日記』に生々しい記述がある。承平五年正月の記述に、「二十三日　このわたり海賊の恐れありといへば神仏を祈る」とある。海賊が海上交通上の最大の危険であり、恐怖であったことが窺われる。この時代の航海術は、夜間航行はせず、夜明けから日没まで陸地を見ながら船を進めた。ところが、「二十五日　海賊おひ来といふこと絶へず聞こゆ」「二十六日　まことにやあらむ　海賊おふといへば夜中ばかりより　舟出して」とあるように、危険な夜間航行を強行している。

藤原純友は瀬戸内海の海賊追討に一定の成果を上げ、京に戻ったが、海賊活動が再燃したため、紀淑人《きのよしひと》が海賊追捕使《ついぶし》に任じられた。紀淑人は七十歳を超える高齢であったので、淑人を補佐するため、実績のある純友が再び伊予に派遣され、海賊の鎮圧にあたった。

南海道は紀淑人と藤原純友の鎮撫によって三年ばかり穏やかであったが、天慶二年（九三九）の秋、またもや騒然となる。こともあろうに純友が、自ら海賊活

▼伊予掾
古代、中世の地方行政官（国司）は、守（かみ）、介（すけ）、掾（じょう）、目（さかん）の四等官からなる。

▼南海道
五畿七道の一つ。紀伊、淡路、阿波、讃岐、伊予、土佐の諸国が属す。

藤原純友使用と伝えられる「みなかわの井戸」（宇和島市日振島明海）

動を始めようとしたのである。

淑人の「純友を召喚してほしい」との書状が十二月十七日、朝廷に届いた。さっそく召喚命令が山陽道★の国々に下されたが、十二月二十六日、純友の部下藤原文元《ふみもと》が、京に向かっていた備前介《びぜんのすけ》藤原子高《さねたか》と播磨介島田惟幹《これもと》を、摂津国で襲撃した。藤原文元は、子高の鼻を削ぎ、妻を奪い、子らを殺した。

この頃、純友は海賊衆の盟主的な存在になっていた。治安維持のために伊予にとどまっていた純友の部下は、いずれも武芸にすぐれた中級官人層であるが、貴族社会の出世コースから脱落し、任国の受領《ずりょう》支配体制に不満を募らせる不穏分子であった。海賊衆も純友の部下も、いつ暴走してもおかしくない不穏な勢力であったが、ついに暴徒と化したのである。

政府はこれに対し、事件を不問に付し、純友を従五位下に叙するという寛大な懐柔策に出た。おりから、関東で一族間の私闘を繰り返していた平将門《たいらのまさかど》が、新皇《しんのう》を自称して謀叛したからである。将門の乱の対応に追われる政府に、西国での乱を武力で鎮圧する余裕はなかった。

将門・純友の共同謀議が噂された。『大鏡』には、将門が「みかどを打ちとり奉らむ」というと、純友が「関白にならむ」と応じた、と書かれている。室町時代の『将門純友東西軍記』には、承平六年八月十九日、将門と純友が比叡山に登り、はるかに平安京を見下ろして、「将門は王孫なれば帝王となるべし、純友は

▼山陽道
畿内の西、播磨、美作、備前、備中、備後、安芸、周防、長門の諸国が属す。

藤原氏なれば関白とならむと約し」た、とある。王孫なれば帝王となるべし、というのは、将門はいわゆる桓武平氏なので、桓武天皇の子孫だから天皇になって何が悪いということであり、純友は摂政関白になれる家柄の藤原氏であるから、関白になって当然ではないか、ということである。しかし、将門が東国の国府を次々に落としていた時期、純友は伊予を動いていない。したがって、共同謀議説はあり得ない。

天慶三年三月、純友は従五位下に叙された「悦状」（礼状）を政府に提出している。表向きは純友に叛乱の意図は窺えない。この年の正月に備中《びっちゅう》、二月に淡路に海賊が襲来し、武器などが奪われたが、純友の部下の単独行動なのか、面従《めんじゅう》腹背《ふくはい》の純友が命じたものか判然としない。一方、京では放火が頻発し、純友の配下のしわざではないかと噂された。

同年二月十五日、平貞盛・藤原秀郷《ひでさと》らによって将門は殺され、東国の乱は終結した。将門が新皇を僭称《せんしょう》してからわずか二カ月後である。六月になって、政府は本格的に海賊鎮圧に乗り出す。追討の対象は「純友暴悪士卒」であり、「南海凶賊藤原文元等」である。藤原純友としていないのは、表面上は純友が乱の首魁ではないからで、藪をつついて蛇を出すことを懼れたのである。

八月十八日、兵船四百余艘が伊予を襲撃し、讃岐《さぬき》国府に放火して財物を奪い、備前・備後《びんご》でも官船百余艘が焼かれた。かつてない広域的・電撃的な軍事行動である。ついに純友が蜂起したのであった。従五位下拝命の「悦状」が真意であるとすれば、瀬戸内海各地の部下や海賊勢力から決起を促す声が高まり、ここにいたって純友も座視することはできなくなったのであろう。

藤原純友率いる海賊軍団は安芸《あき》、周防《すおう》、土佐に出没して大暴れするが、腹心藤原恒利《つねとし》をはじめ政府軍に寝返る者が出たこともあり、しだいに西に追い詰められていった。

天慶四年五月、突如、筑前国太宰府《だざいふ》に来襲した純友軍が、政庁を焼き打ちし、財物を奪い、占領した。しかし、小野好古《よしふる》らが率いる強力な追討軍が迫り、五月二十日、純友軍は博多津で撃破される。追討軍に捕獲された船は八百余艘、死傷者は数百人に及んだ。

純友軍は四散し、純友らは伊予に敗走したが、六月二十日、橘遠保《とおやす》に捕縛され、純友と子の重太丸は斬り殺された。獄死説もある。以後、藤原文元ら残党も次々と討たれ、『日本紀略』天慶四年十一月の条には、「今月以後、天下安寧、海内《かいだい》清平」とある。

源義経と伊吹八幡神社

純友の乱ののち三百年ほどは、宇和郡（宇和島地方）において特筆すべき歴史上の事件や争乱はなかった。ここでは、源平時代の一挿話を挙げるにとどめる。

宇和島市伊吹町に「伊吹八幡神社」がある。和銅元年（七〇八）、九州豊前宇佐八幡宮から勧請《かんじょう》され、元明天皇の和銅五（七一二）年八月十五日、祭祀を始めたという。宇和島地方に伝わる神楽《かぐら》は「伊予神楽」といい、国指定重要無形民俗文化財である。八幡神社には、県指定有形文化財の「木造舞楽面」も伝わる。

社殿の前に、丈高いイブキが二本ある。文治《ぶんじ》元年（一一八五）、伊予守に任じられた源義経が社殿を寄進した際、郎党の鈴木三郎重家をして植樹させたという。爾来《じらい》、「伊吹八幡神社」として崇敬をあつめ、周辺は伊吹町とよばれている。

イブキは胴回り約五メートル、高さ約二二メートル、樹齢は八百年を超える。昭和十八年、植物学の権威である中井猛之進《たけのしん》博士の調査によって国指定の天然記念物に指定された。イブキが双樹であり、長寿であることにあやかり、かつては神前結婚式も盛んであった。

源平の合戦に戦功著しい源義経が、伊予守のポストを得たのには理由がある。平将門の乱で坂東《ばんどう》諸国が疲弊したのに対し、純友の乱が伊予国の農業生産力に及ぼした影響は少なかった。もともと伊予は南海道諸国の中でも気候温暖、地味もよく、摂関期を迎えると、近江、播磨国とならぶ受領収入の高い国となり、全国有数の大国と評価されるようになる。伊予守は垂涎《すいぜん》され、源氏の有力な武将は、代々、伊予守に就任する者が多かった。義経もその一人である。

伊吹八幡神社の社殿と双樹のイブキ

伊予神楽

後年、この地を支配した戸田勝隆は、八幡神社に参詣して由来を尋ね、その由緒に感じ入って、宇和郡総鎮守とした。戸田の後任である藤堂高虎もここに参詣し、神社を再建し、「牛若丸と弁慶」、「松に鷹の図」の二つの絵馬を奉納した。

戦国期の宇和島

喜多郡は中世前期から宇都宮氏が支配し、宇和郡は嘉禎《かてい》二年（一二三六）、足利幕府によって西園寺公経《きんつね》が知行国守となり、以後、藤原北家傍流の西園寺氏が長く支配した。いわゆる戦国時代になると、西園寺氏は史料にしばしば登場する。

西国に大内義隆、毛利元就、大友宗麟といった有力な大名が割拠していた天文年間（一五三二〜一五五五）、宇和島地方は土佐の一條氏、長宗我部氏、豊後の大友氏にしばしば侵略され、西園寺氏と周縁の小領主は、これらの外敵と敵対あるいは同盟しながら消長してきた。いわゆる戦国乱世はこの地域でも例外ではなかった。

宇和島は、キリシタン大名ドン・パウロ一條兼定の終焉の地である。もともと一條氏は、公家の名門である五摂家（摂政関白になれる五家）の一つで、応仁二年（一四六八）、戦乱で京都が荒廃したため、元関白の一條教房《のりふさ》がはるばる四国の土佐幡多荘《はたのしょう》中村の地に下向し、そのまま土着した。土佐一條家の始まりである。

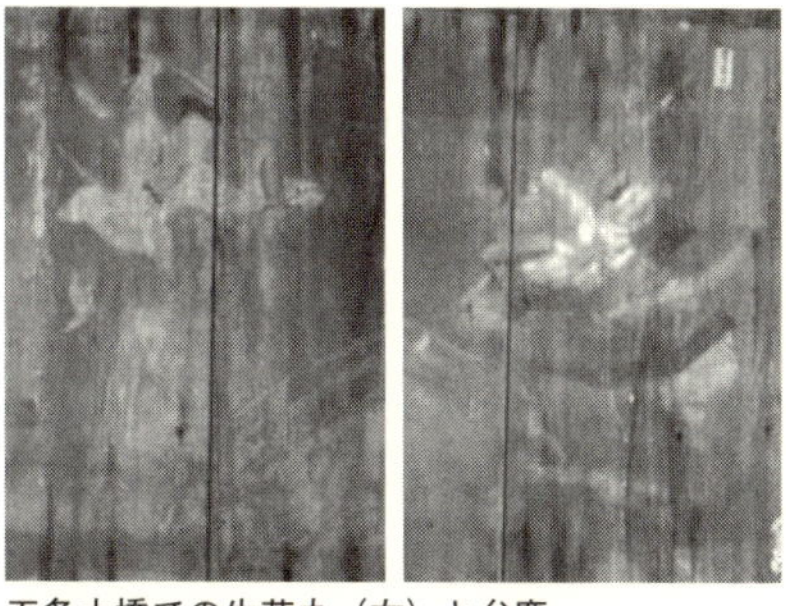

五条大橋での牛若丸（左）と弁慶
（伊吹八幡神社蔵）

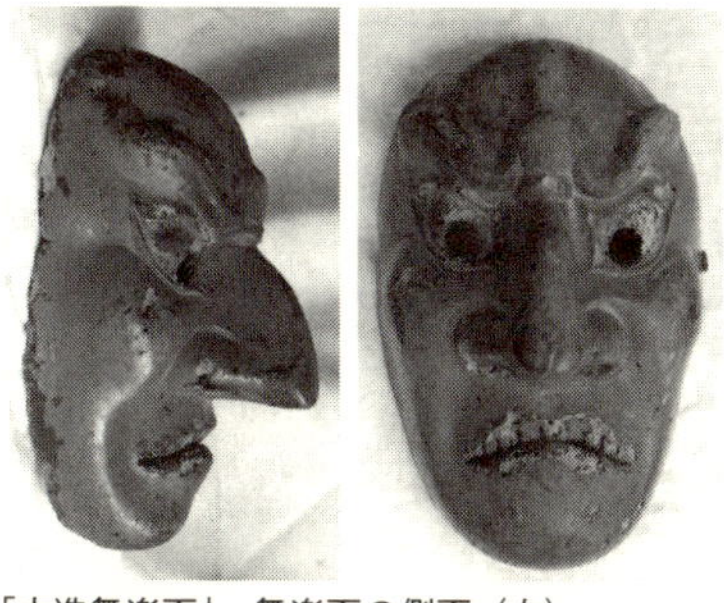

「木造舞楽面」、舞楽面の側面（左）
（伊吹八幡神社蔵）

教房は四万十川《しまんと》流域の中村を京都のような町にしようとした。後年、周防の大内義隆も山口を西の京とする都市計画を進めたが、一條教房は中村を四国の京にしようとした。四万十市（旧・中村市）に五百年も続く大文字焼きに、今も四国の小京都がしのばれる。

一條氏四代兼定は、戦国領主として土佐西南部の四万十川流域の幡多《はた》郡と高岡郡を支配していた。この頃、南伊予地方では喜多郡の宇都宮氏と宇和郡の西園寺氏が敵対していたので、ここに土佐勢や九州の豊後勢がしばしば侵攻した。毛利氏と同盟する伊予国守護河野通直《こうのみちなお》や周縁小領主も入り乱れ、戦乱が続いた。

永禄年間、一條氏は豊後の大友氏と提携すると、喜多郡の宇都宮氏、宇和郡南部の法華津《ほけつ》氏、津島氏、御荘《みしょう》氏（御庄氏、勧修寺氏とも）と同盟し、西園寺氏の領地である宇和郡を包囲する。河野通直は西園寺救援の兵を派遣、毛利からも援軍の小早川勢が渡海してくる。永禄十一年（一五六八）二月、鳥坂峠の合戦で宇都宮・一條連合軍は西園寺連合軍に大敗、宇都宮豊綱は降服し、一條軍は土佐に撤退、戦乱はひとまず鎮火した。

元亀《げんき》三年（一五七二）、こんどは西園寺公広《きんひろ》が土佐に侵攻したので、大友宗麟は一條氏救援のため兵を渡海させ、宇和郡の各地で交戦した。この間、土佐中部の在地領主である長宗我部元親は一條勢力の殲滅《せんめつ》にかかる。

天正二年（一五七四）、兼定は土佐を放逐され、豊後に逃れた。岳父である大友

大文字焼は一條氏が京より伝えたという（四万十市観光協会提供）

宗麟の庇護のもとに過ごすうち、臼杵《うすき》の教会で受洗し、ドン・パウロとなった。

天正三年、ドン・パウロ一條兼定は失地回復をめざし、臼杵湾から十字架の旗印で飾り立てた艦隊で出撃する。法華津氏、津島氏、勧修寺氏と連合し、中村に殺到して渡川《わたり》★（四万十川）で長宗我部軍と対峙したが、あえなく大敗（渡川の合戦）し、板島に敗走した。

兼定は法華津氏の庇護により、戸島（宇和島市三浦半島の属島）という小島に逃れる。まもなく、兼定の乳母の子である入江左近という者が、長宗我部の刺客として送り込まれ、長宗我部側史料では兼定は斬られて死んだとする。キリシタン側史料では、不具病弱の身とはなったが、豊後から送られた教典を読み、信仰の日々を送ったとされる。

天正七年夏、ドン・パウロ兼定はイエズス会巡見使アレシャンドロ・ヴァリニャーノと対面した。織田信長拝謁と畿内の巡察を終えて豊後に向かうヴァリニャーノは、宇和海に停船し、船上で兼定と面談した。兼定はキリシタンの人々と生活できないこと、島民をキリシタンに改宗できない無力を嘆き、ヴァリニャーノは抱擁・接吻して慰めたという。

兼定は天正十三年七月一日、四十三歳で病没した。戸島に龍集寺という浄土宗の寺があり、墓地の一角にステンドグラスの天窓を持つ小さな廟がある。兼定の墓とされる形の崩れた宝篋印塔が安置され、「一條様」「宮様」と称《よ》ばれ、島民に崇

▼渡川
日本最後の清流といわれる四万十川は高知県西部を流れる渡（わたり）川水系の本川。古くは「四万渡川」と書かれることもあり、「渡川（とがわ）」が派生したとも考えられる。

戸島龍集寺にある一條兼定の廟

敬されている。墓は常に掃除され、いかにもキリシタン大名の墓らしく、スプーンとフォークが供えてあるのが微笑ましい。

戸島で一條兼定が没した天正十三年、四国全土を制圧する勢いだった長宗我部元親《もとちか》が豊臣秀吉の四国征伐に屈服、土佐一国を安堵されるにとどまった。

小早川隆景、戸田勝隆の支配

伊予一国は四国攻めにあたった小早川隆景《たかかげ》の領地（伊予和気《わけ》郡二万三千石は安国寺恵瓊《えけい》領）となり、伊予国守護河野通直は道後湯築《ゆづき》城を退去し、安芸の竹原に隠棲。隆景は南伊予支配には養子秀包《ひでかね》をあたらせ、板島丸串城には小早川隆景の家臣持田右京が入城した。

やがて隆景は九州征伐に転戦し、筑前・筑後・肥前に新たな領地を与えられた。天正十五年（一五八七）、九州攻めに戦功のあった福島正則が伊予十一万石を与えられ、同じく九州攻めの戦功により戸田勝隆が伊予大洲十万石（代官地を除いて実質七万石か）の領主となった。

戸田民部少輔《みんぶのしょう》勝隆（政信とも氏繁とも）は、一般には無名である。司馬遼太郎は『街道をゆく　南伊予・西土佐の道』（以下、『街道』と略す）の中で、戸田氏はもともと美濃の大族で、戸田勝隆はその支流であり、秀吉の近江長浜時代からの家臣で母衣《ほろ》衆★であった、としている。三間郷の在地領主土居清良《きよよし》の一代記『清良《せいりょう》記』に典拠したと思われる。

一方、郷土史家の須田武男『豊臣時代の伊豫領主の史料研究』（昭和五十年十二月二十日刊）によると、戸田勝隆は『清良記』では美濃侍とされるが、『宇和旧記』では来村郷坂下津《くのむらごうさかしづ》に三島神社が勧進された時、その棟札《むねふだ》に「大檀那尾張国戸田民部少輔」とあるので尾張出身とみられる、としている。

戸田勝隆は大洲の地蔵嶽城に入城後、小早川隆景によって在城を許されていた西園寺、法華津、観修寺、土居らの諸将に下城を命じた。西園寺公広は板島湾口の九島《くしま》の願成寺《がんじょうじ》に逼塞する。

天正十五年（一五八七）の十一月頃、一揆勢が板島丸串城を包囲したので、三間の土居清良が戸田の命令で鎮圧にあたった。新領主の検地（太閤検地）、年貢法、刀狩りなどに抵抗しての一揆とされるが、西園寺及び西園寺諸将の解体によって浪人になった地侍も多く含まれていたと考えられる。十二月十一日、戸田は九島の西園寺公広を自邸に招き、謀殺（自害を迫ったとも）して旧西園寺勢力を根絶した。

戸田勝隆は翌《あく》る天正十六年二月十二日、板島丸串城に入城し、一揆勢を逮捕、刑殺する。司馬遼太郎は戸田のことを、「合戦には強かったらしい。強かったという以上に、のちの宇和島での行状からみると殺人を平気でやる手合いの

▼**母衣衆**
織田信長が馬廻から選抜した黒母衣衆・赤母衣衆に倣い、秀吉は黄母衣衆という親衛隊を組織した。勝隆は黄母衣衆の中でも勇猛で名を馳せた。

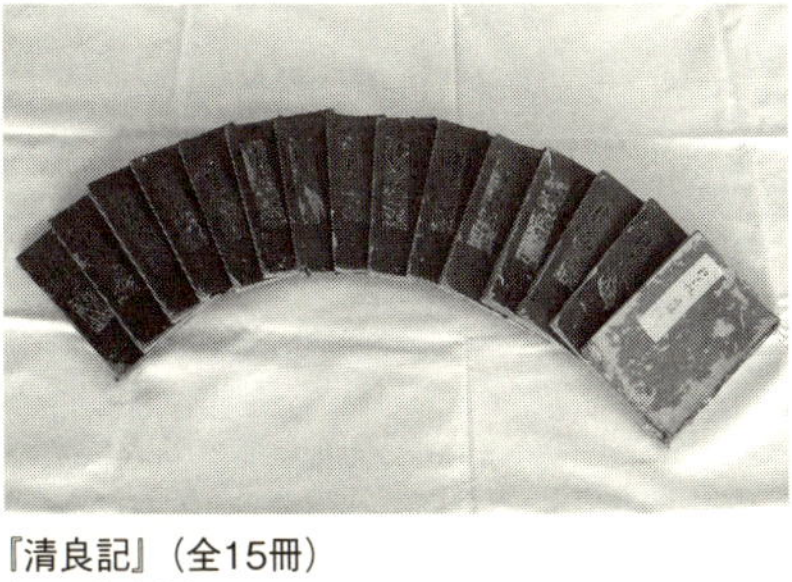
『清良記』（全15冊）
（宇和島市蔵）

男」、「戦場の殺人者が血ぬれた手のまま行政者としてやってきたような観がある」、「狂人に近い男」としている。司馬はさらに、一揆勢の大量虐殺や、板島城下での殺人・強奪・強姦を詳しく紹介しているが、『清良記』の潤色である。

　司馬が依拠した『清良記』は、戸田の時代から半世紀以上も後に書かれたと推定され、たいへん疑問の多い史料である。『松野町誌』（須田武男編輯、昭和四十九年刊）は戸田悪人説に疑問を呈し、反証となるべき一級の史料を引用している。

　その一つ、一揆平定後、天正十六年の八月から九月にかけて、旧城主たちを（二、三百石の微禄ではあるが）召し抱える懐柔策に出ていること。二つ、城川の龍澤《りゅうたく》寺に荒蕪地の開発を許可していること。三つ、日振島の年寄に対して年貢を免除していること。四つ、五十崎《いかざき》の村役人に紅花の栽培を命じ、買い上げを約束していること。

　もう一つが、戸田が風早《かざはや》郡忽那《くつな》諸島★の村々を検地させた時の、天正十五年七月十四日付の五カ条からなる検地条目である。

第一条　検地役人には戸田で昼食を支給するので、百姓からは少しの賄いも要らない。

第二条　薪、馬の糠《ぬか》、藁、草は百姓で用意すること。馬一匹につき、糠五升、藁の場合は五把、草の場合は二荷、薪も百姓が人数分を計算して出すこと。

禹門山龍澤寺（西予市城川町）

▼風早郡忽那諸島
瀬戸内海の安芸灘と伊予灘の間に位置する七島。

第三条　礼銭・礼物は一切出さないこと。酒肴も少しも出さないこと。この法度に背いて検地役人が要求したら直訴すること。

第四条　検地役人の見違い、竿違いで田畑高の帳面付けに誤りがあったら、給人または代官に断わって、実際の生育高を計ってその三分の一を百姓の取り分とせよ。もし給人や代官が無理をいって、帳面の記載ほどないのにその分を取るといったら、百姓が稲の三分の一を刈り取り、残りを納めればよい。

第五条　このように命じた上は、逃散した百姓、あるいは以前から領主に背いて逐電している者がいれば、世話をして帰村させること。

以上のように定めたからには、検地役人が非分を要求した時、それを了承し、隠して直訴しなかったら、百姓たちを成敗する。

末端の役人の不正が横行していたことも読み取れるが、百姓取り分を当時の原則に沿って三分の一と明確に定めている。戸田なりに民政の安定と殖産振興に意を須《もち》いていたことが窺われる。

西園寺公広を謀殺した行為については、戸田の後にこの地を治める藤堂高虎も、慶長五年（一六〇〇）、多武森《たぶもり》城主芝一覚を招いて殺しており、謀殺をもって戸田を佞奸《ねいかん》と呼ぶにはあたらない。

戸田は千利休、津田宗及《そうきゅう》らの茶会にも招かれており、単なる槍一筋《やりひとすじ》の武将ではないが、秋霜烈日たる猛将であったことは以下の逸話からも窺われる。

勝隆には男児があったが、刀の扱いを誤り、自らを傷つけて落命した。鷹狩りの最中に訃報を聞いた勝隆は、「己が刃で死ぬなどとは役に立つ器にあらず。見るに及ばず」といって平然と鷹狩りを続けた。

戸田勝隆は文禄の役で軍勢三九〇〇人を率いて渡海した。福島正則を主将とする五番隊の副将格である。出兵にあたって、社寺の名木・霊木まで伐採して船材としたので、『清良記』はこれも悪大将戸田勝隆の暴政の一つに挙げているが、太閤秀吉の出兵命令であれば、戸田でなくとも同じことをしたであろう。

勝隆は講和交渉を終えて帰国中、巨済島で発病した。『清良記』は文禄三年（一五九四）十月二十三日に狂死したとしているが、文禄四年四月三日以降の病死と思われる。継嗣がなかったので戸田家は廃絶した。

② 藤堂高虎と富田信高

小早川隆景、戸田勝隆を経て、築城の名手藤堂高虎が入封、伊予板島に城を築く。
藤堂高虎は伊賀・伊勢に転封、伊勢安濃津城主富田信高が板島十万石城主に。
数奇な運命によって富田信高は改易となり、伊予板島は徳川幕府直轄領となる。

藤堂高虎の築城

戸田勝隆の後、文禄四年（一五九五）、藤堂和泉守高虎が宇和郡七万石の領主となり、併せて宇和・喜多・浮穴《うけな》郡の蔵入地（直轄領）の代官となった。

慶長元年（一五九六）、湾に突き出た標高八〇メートルの陸繋島《りくけいとう》に築かれた板島丸串城を、高虎は本城と定め、本格的な築城工事を始める。ほぼ六年を費やし、二辺が海に面し、三辺に堀をめぐらせた不等辺五角形の城郭を完成した。この設計を「空角《くうかく》の計」といい、後年、幕府の密偵が潜入して城の目視図面を描くが、四角形に見誤っている。★

「宇和島城下絵図」（承応３年頃）
（伊予史談会蔵）

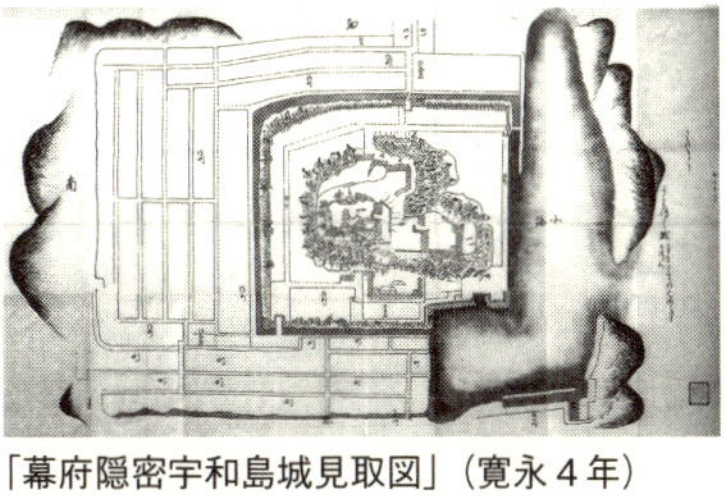

「幕府隠密宇和島城見取図」（寛永４年）
（伊予史談会蔵）

▼寛永四年、幕府隠密が四国七城（徳島、高松、今治、松山、大洲、宇和島、高知）を偵察して報告した「幕府探索書」（原本は散佚）による。

また、城山に近い二つの河川、神田《じんでん》川と辰野川を外堀にするため、付け替え工事に着手した。慶長の役で高虎は、巨済島沖の合戦で活躍し、加藤清正の駐屯する蔚山城を救援した。

慶長四年（一五九九）十月十八日、父白雲（白雲斎）が板島で没した。翌年、関ヶ原の合戦では東軍（徳川方）の将として活躍した。高虎はその戦功によって、家康から伊予半国二十万石を加増され、伊予今治★に転出し、板島城には従弟の藤堂新七郎良勝を城代に置いた。

高虎は今治の浦の砂丘の上に、豪壮な海城の築城を始めた。古くから国府が置かれてきた今治は、それまで「今張」と書いていたのを、高虎が「今よりこの地を治むる」ということで、「今治」に改めた。

関ヶ原の合戦の少し前、宇和郡松葉（現・西予市宇和町）の土豪三瀬六兵衛が高虎不在の隙をついて、安芸の毛利輝元と通じ、藤堂支配に反抗して武装蜂起した（「松葉騒動」）。これを鎮圧した高虎は、以後、領内の走《はしり》百姓を禁止し、村役人を「庄屋」という呼び名に変え、貢租制度を確立した。

慶長十年には河後森《かごもり》城（現・北宇和郡松野町）の天守閣を板島丸串城に移築し、月見櫓《やぐら》とした。楽市も奨励した（「当町諸公事免許事」）。

家康の信任厚い高虎は、その後も順調に栄進し、慶長十三年には伊賀・伊勢二十二万石城主、最終的には伊勢津藩三十二万石の太守となった。

「藤堂高虎創建板島城天守復元立面図」
（復元：三浦正幸広島大学教授）

▼今治
中世期の文書には「今針」「今針の津」「今治」「今治の津」などの表記があり、「いまはり」「いまばり」「いまはる」「いまばる」などと呼ばれたようである。市制が敷かれた大正九年（一九二〇）、「いまばり」と統一されたが、現在も古老などは「いまはる」と呼んでいる。

富田信高、伊予板島領主に

慶長十三年（一六〇八）九月十五日、伊勢安濃津《あのつ》五万石城主の富田信濃守信高が、将軍秀忠から宇和郡十万一千九百石を与えられ、板島丸串城主となった。

富田信高の父、富田左近将監《さこんしょうげん》知信は、豊臣秀吉の側近である。もともと富田氏の本貫地は近江国浅井《あざい》郡富田荘といわれ、知信は天正の初年（一五七三）、長浜城主羽柴秀吉に仕官し、近江衆の一人として重用された。富田知信を富田一白とすることもある。知信は子の信濃守信高の初名である、という説が近年になって有力だからである。

小牧・長久手の合戦では織田信雄《のぶかつ》との和平交渉にあたり、名馬星崎を拝領した。秀吉の妹の徳川家康への輿《こし》入れに際しては、浅野長政とともに浜松城に赴いて縁談をまとめた。小田原征伐で降服勧告にあたったのも富田知信で、茶人として高名であったことからしても、交渉術に長けていたものと思われる。知信は無銘義弘「名物富田江《ごう》」（国宝）の所有者でもあり、秀吉から拝領した金襴裂《ぎれ》（「富田金襴」）を藤原定家筆写『土佐日記』（国宝）の装幀に用いるなど、文化人・趣味人でもあった。

文禄五年（一五九六）七月十五日、知信に三万石、信高に二万石が与えられ、

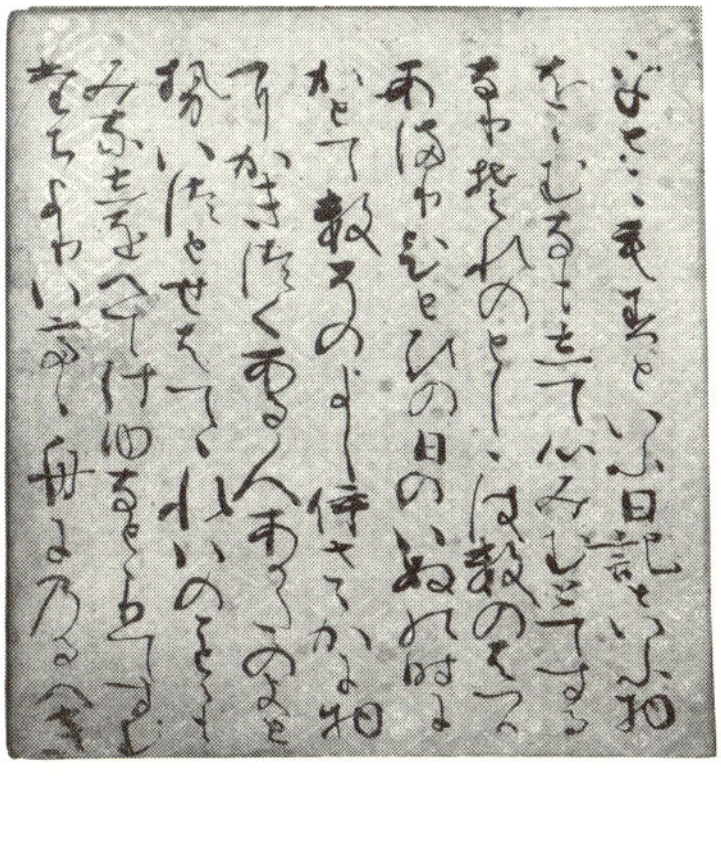

『定家本土佐日記』（前田育徳会蔵）

富田氏は伊勢安濃津五万石の城主となる。安濃津は現在の津市周辺で、古くから安濃川の河口に開けた土地で、海陸の要路であった。伊勢平氏発祥の地でもある。徳川への押さえという意味でも重要な軍事拠点だった。

ところで、豊臣秀吉といえば、教科書などでなじみ深い画像がある。美化された肖像画にもかかわらず、織田信長から「猿」、「はげねずみ」などとよばれた異相を髣髴とさせる貴重な史料であるが、秀吉薨去《こうきょ》後、知信が旧主を偲んで狩野派の絵師に描かせたものである。国指定重要文化財のこの画像は、宇和島伊達文化保存会に所蔵されている。

知信は関ヶ原合戦の前年に逝去した。法号は正眼《しょうげん》院殿江雲水西大居士。知信は同じ近江衆でありながら、石田三成とは不和だったようで、子の信高は関ヶ原の合戦では東軍に属する。

家康の上杉討伐連合軍に従って宇都宮（小山《おやま》）にあった信高は、伏見城を落とした西軍が勢いに乗って安濃津城を包囲しようとしているとの報を受け、伊勢上野城主分部《わけべ》光嘉《みつよし》とともに急ぎ帰国する。

西軍の包囲網を突破して帰城するが、敵軍は吉川《きっかわ》広家、長束《なつか》正家、長宗我部盛親らの諸将に加え、安濃津近辺の諸豪族が加わった三万余の大軍。城を守るのはあらかじめ残しておいた弟の富田主殿《とのも》以下二十余の将兵、帰城したばかりの信高と分部光嘉の兵、これに伊勢松坂城主古田重勝の援兵五〇を加えても、総勢一七

豊臣秀吉画像
現存する秀吉画像のうち、最大のもので、壮麗かつ荘厳、原則としてゴールデン・ウイークのみ伊達博物館で公開される
（宇和島伊達文化保存会蔵）

〇〇人ばかり。

安濃津城は西軍の猛攻撃を受け、光嘉は負傷し、もはやこれまでと信高が討ち死にを覚悟した時、

「かかる処に容顔美しき武者、緋威《ひおど》しの物具、中二段黒革にて威したるを着、槍をささげ来たり」

と『常山紀談』にあるように、どこからか美しい若武者が現れ、片鎌の槍をふるって一人また一人と敵兵を斃す。富田の家中にこのような遣い手はいないので、不審に思った信高が「かの者は、分部殿の小姓衆か？」と訊ねると、「富田殿の小姓衆とばかり思っており申した」と分部光嘉。

そこで信高が「何者ぞ」と誰何《すいか》すると、若武者が半月の前立ての兜を脱ぐ。長い豪奢な黒髪が鎧の袖までこぼれ落ちた。誰やあらん、信高の妻である。

富田夫人は毛利秀元の家臣中川清左衛門という大剛《だいごう》の者を突き殺したほか、五、六人ほども突き伏せ、夫とともに本丸に引き揚げたという。

この籠城戦で、富田信高は吉川広家の降服勧告を容れ、一身田《いしんでん》の専修寺《せんじゅじ》で剃髪し、高野山に入ったが、東軍勝利により、徳川家康から二万石を加増された。以後、戦災で疲弊した津の城下町の再建にあたるが、慶長十三年九月十五日、藤堂高虎と入れ替わるかたちで、伊予板島領主に封じられた。

富田主従は瀬戸内海の海路を辿って板島入りするが、豊後水道へ南下するにあ

信高夫人画像
平成十二年の宇和島築城四〇〇年記念展で公開された折、新聞に掲載されたが、それ以外ではこれが初の掲載となる。立正寺には「富田信高画像」「嫡子画像」と三幅があったが、空襲を避けるために井戸に吊るして避難させていたところ、夫人画像だけが助かったという
（宇和島市・立正寺蔵）

たって、九州に向かって象の鼻のように突き出た全長五〇キロほどの、細長い佐田岬半島がある。岬の突端部は古来「御鼻《おはな》（御端）」とよばれ、海運上の難所である。対岸の大分県佐賀関《さがのせき》までわずか一三キロの豊予海峡は、潮流最大時五・五ノット、潮の流れの速いことから「速吸瀬戸《はやすいのせと》」とよばれてきた。

富田信高はこの細長い半島が交通上の障害であることを痛感したものか、半島の最も細くくびれた部分、三机《みつくえ》・塩成《しおなし》間約八〇〇メートルを掘削《くっさく》して堀切《ほりきり》（運河）をつくることを思いついた。運河ができると、行程は大幅に短縮され、海運の利便は著しく向上する。

慶長十八年に信高が改易になったため、工事は三年足らずで途絶したが、掘削され、V字形の谷になった部分は現在、国道一九七号線堀切大橋が架けられている。信高の堀切工事は、その先見性を偉《い》とすべきである。というのも、実現こそしなかったが、大正十三年（一九二四）から昭和二十七年（一九五二）にかけて、篤志家や行政による運河掘削事業が繰り返し計画されたからである。

信高は、藤堂高虎が父白雲の菩提寺として宇和島市街地の東部に普請《ふしん》していた寺院を継承し、父知信（正眼院《しょうげんいん》）の菩提寺として金剛山正眼院を開基した。この時、知信が描かせた豊臣秀吉画像も正眼院に納められた。金剛山正眼院は、のちに宇和島伊達家五代藩主の村候が菩提寺とし、金剛山大隆寺《だいりゅうじ》と改められる。秀吉画像は幕末になって大隆寺から伊達家に献上された。

国道197号線「堀切大橋」

三机湊塩成堀切
（半井悟庵著『愛媛面影』より）

改易始末

富田氏改易の事情はなかなか興味深いものがある。女武者で勇名を馳せた信高夫人は、浮田安心入道忠家の女《むすめ》である。忠家の長男直盛は、宇喜多★秀家の従兄弟にあたり、秀家の代に宇喜多の重臣に列せられるが、慶長四年（一五九九）一月、秀家と仲違いして主家を去り、前田玄以の斡旋で家康に仕える。

信高夫人はこの直盛の姉とも妹ともいわれる。したがって、信高は直盛にとって姉婿もしくは妹婿にあたる。直盛は関ヶ原合戦で軍功をあげ、石見国《いわみ》★津和野城主（三万石）に封じられ、姓を坂崎に改めた。

事の発端は、坂崎直盛の甥（信高夫人にとっても甥）の浮田左門という者が、家中で人を斬って逐電し、叔母（伯母）の信高夫人をたよって、安濃津城下に流浪してきたことに始まる。窮鳥懐に入らば、と思ったのか、あるいは妻に懇願されてか、富田信高は浮田左門を庇護した。

これを伝え聞いた直盛が、左門を差し出せと信高に迫ると、当家にいたにはいたが、出奔し、行方知らずである、と返答したので、直盛は激昂し、信高と刺し違える覚悟で安濃津城まで押しかける。信高は伏見に出仕していた。直盛は伏見に押し寄せて信高と一戦に及ぼうとしたが、諫言《かんげん》する者があり、武力行使を諦め、

▼宇喜多
元々は「浮田」で、「宇喜多」は佳字による異称。併用もされていた。

▼石見国
現・島根県西部。

家康に訴えることにした。慶長十年（一六〇五）六月のことである。

大御所家康は、そのようなことは将軍秀忠に訴えよと答え、直盛は江戸に出向いて秀忠に訴えるが、証拠不十分として却下され、直盛は臍《ほぞ》を噛んだ。

直盛の左門への執心は異常とも思えるが、直盛は甥の左門がどうしても許せず、たとえ地の涯海の底、草の根わけても捜し出し、首を刎ねるつもりだったのだろうか？　左門とはどういう人物なのか、誰を、なぜ斬ったのか？

直盛にお気に入りの美童（寵童）がいたが、美童と浮田左門が密通したので、腹を立てた直盛は家臣に命じて美童を斬らせた。左門は美童を斬った家臣を討ち、出奔した。甥であれ、捜し出して成敗すると躍起になっていたところ、信高が左門を隠匿していることがわかったので、左門を差し出せと強硬に要求した……というのが一般的な伝承である。

左門が信高の伊予転封に同行したのかどうか、定かではない。直盛が家康に出訴した頃、左門は加藤清正を頼って肥後熊本に逃れ、その後は上方に向かったともいう。

左門は上方にも安住できず、信高夫人の妹の嫁ぎ先である日向《ひゅうが》国延岡城主高橋元種《もとたね》の許《もと》に身を寄せた。夫人は毎年、延岡の左門に米三百石を送るが、これが思わぬ結果を招く。

左門が津和野を出奔した時、篠原某という、左門と同年輩の侍が同行していた。

篠原は流浪生活に嫌気がさし、信高夫人が左門に書き送った書状を盗み、これを土産に直盛に帰参を願った。直盛はこの書状を動かぬ証拠として、再度、幕府に訴えた。

慶長十八年十月八日、家康と秀忠の前で、直盛と信高は対決した。高橋元種も同席していたと思われる。直盛は勝訴した。左門隠匿に関しては信高も元種も、反論の余地がなかった。信高は奥羽磐城《いわき》城主鳥居忠政に、元種も陸《む》奥《つ》棚倉領主立花宗茂にお預けとなる。信高は伊予に帰国することなく奥羽に流され、浮田左門は入牢して獄死したとも、斬殺されたともいう。

坂崎直盛(成正、成政とも)は、千姫救出で有名な坂崎出羽守である。大坂城から千姫★を助け出した者には褒美として千姫を与える、との家康の命に、坂崎出羽守は火中から無事に姫を救い出したが、顔に火傷を負ってしまった。その醜い顔を千姫に嫌われ……というのは俗伝にすぎない。

千姫の無事に欣喜《きんき》雀躍《じゃくやく》した家康が、

「そのほうはお千の命の恩人、いわばお千の親も同然、どうか新たな婿の世話をしてくれまいか、公卿がよかろう、公卿衆とも親しいそのほうであれば心当たりもあろう」

などと口走ったのが坂崎の悲劇の始まりで、直情径行・愚直一途・偏執気質と三拍子揃った坂崎は、東奔西走して千姫の再婚先を決める。

▼千姫
徳川秀忠と江の子。秀頼の正室。秀頼の従兄妹にあたり、淀殿は伯母。信長妹の市は祖母。市の血を引き、美貌であったという。家康の孫。

やがて、坂崎は、千姫再嫁《さいか》先は伊勢桑名十万石城主本多忠正の嫡男忠刻《ただとき》との風評を耳にする。江戸入りの道中、桑名での乗船に際して、千姫が世話役の忠刻を見初《そ》めたともいう。まもなく家康が薨去し、芝増上寺での盛大な法要の後、千姫と本多忠刻との祝言が近いとの噂を聞きつけた坂崎は、

「千姫さまが本多へ嫁ぐとあれば、きっと輿入れの行列を襲い、姫さまを京へお送りいたすまで」

と幕閣に放言し、湯島の津和野藩邸に立て籠もった。

幕府は坂崎邸を包囲し、切腹すれば嫡男に家督相続を許す、と持ちかけたが、主《あるじ》に切腹させるわけにはいかない、と家臣は拒否。そこで、坂崎旧知の柳生宗矩《むねのり》が邸内に入り、その説得によって坂崎は自害した。柳生笠（二蓋笠《にがいがさ》）の家紋は、坂崎の家紋であったのを、このとき宗矩が譲り受けたとも伝えられる。幕閣の甘言に乗せられた家臣が、酔って寝ている坂崎の首を切断したとの異説もある。

富田氏改易の理由を、塩成堀切工事を幕府に咎められた、とする郷土史料（『宇和旧記』『清良記当時聞書追考』『毛利氏歴要記略』）もあるが、史実ではない。

上述したように富田氏改易は、坂崎出羽守の訴訟に敗れた結果である。しかし、実はそれも表向きの理由で、近年の研究では、大久保長安事件に連座しての処罰であったという説が有力である。

大久保長安事件は、本多正信・正純父子が仕掛けた徳川家幕臣の派閥抗争で、

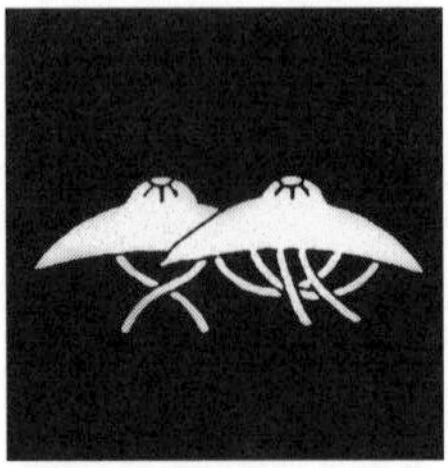
柳生笠の家紋

金山・銀山奉行であった大久保長安の不正疑惑をめぐって、長安の死の直後の慶長十八年四月から翌年秋まで続いた疑獄・粛清事件である。

大久保長安は、家康に疎まれた松平忠輝（家康六男）の家老であり、忠輝夫人は伊達政宗の長女五郎八《いろは》姫である。長安は、政宗か忠輝のほうが将軍にふさわしいと考えていたふしがある。

大久保事件は、単なる派閥抗争にとどまらず、忠輝と五郎八がキリシタンであったことから、全国のキリシタン勢力とスペインの無敵艦隊を味方にして徳川幕府を転覆しようという伊達政宗の途方もない計画（虚実不明）や、家康の豊臣氏族滅《ぞくめつ》をめぐっての諸大名の動向など、徳川政権の確立とからみ合っての大疑獄事件であった。

事件に連座して、富田知信の五男で、下野《しもつけ》国佐野藩三万九千石領主佐野信吉《のぶよし》が、慶長十九年七月二十七日、信濃国松本藩に配流となった。富田信高、高橋元種、佐野信吉、いずれも大久保長安の築いた華麗な縁戚関係につらなる大名である。

富田信高を改易した幕府は、宇和郡を直轄領とし、板島丸串城には代官として再び藤堂良勝が入城した。富田の家中は年貢が未徴収なので困っていたが、良勝が蔵米三〇〇〇俵を貸したので、残らず退去できた。信高は寛永十年（一六三三）、小名浜★の妙心寺派禅長寺で没した。同寺に墓と位牌がある。信高夫人のその後は不明である。

▼小名浜　現・福島県いわき市。

富田知信像（部分）
（金剛山大隆寺所有）

富田信高像（部分）
（金剛山大隆寺所有）

富田知信・信高父子の画像が、金剛山大隆寺に伝えられている。知信は法体《ほったい》姿の老人で、神経質そうな細面、文人風の風格がある。信高は衣冠姿の壮年で、丸顔の眼に愛嬌があり、闊達な表情を見せている。この絵は、富田氏改易後、浪人暮らしの末に伊達家に召し抱えられた梶田又兵衛一正が、旧主を偲んで画工に描かせ、寛永十四年（一六三七）八月、金剛山正眼院に納めたものである。

ほかに、宇和島市における富田氏ゆかりのものとして佐伯《さいき》町と佐伯橋がある。富田家の家老であった佐伯権之助の屋敷があったところから、この町名と橋の名が残っている。また、信高夫人の肖像画が、市内大宮町の真宗大谷派最勝山立《りゅう》正《しょう》寺に所蔵されている。

立正寺は元々は城下の笹町にあった善西庵が、富田信高から寺領を与えられたことにより、現在地の大宮町（旧北町）に移って立正寺となったという。最勝山の山号は伊達家五代藩主村候から賜ったと伝えられる。「瓦寺」の別称があり、南伊予地方の最初の瓦葺きの寺院であったともいう。

現・佐伯橋

これも宇和島

八十島斬っての相談

かつて宇和島地方には「八十島斬っての相談」という言い回しがあった。昭和十五年に発表された山本周五郎の短篇「松風の門」は、この語を生むことになった宇和島藩の「来村《くのむら》騒動」を下敷きにしている。

――伊達宗利が宇和島に帰国したのは、十一歳の時に江戸へ立ってから、二十六年ぶりであった。宗利は右目が見えない。宇和島を離れる前年、神童のほまれ高い小次郎という少年と剣術の稽古をしていて、竹刀で目を突かれたのである。かねて小次郎の才能を羨望していた宗利は、「誰にも口外してはならない」と言い含め、初めて優越感を覚える。

小次郎改め八郎兵衛は、主君の国入りを前に失踪していた。八郎兵衛の評判は悪い。妻とも名ばかりの夫婦関係だという。まもなく八郎兵衛が発見される。鬼ケ城山中の洞窟で座禅をしていた。何を思ったか、八郎兵衛と対面した宗利は、かつての神童小次郎がいかにも凡庸な男になっているのに失望する。

おりから領内に一揆が起こり、八郎兵衛は義父八十島治右衛門に従って鎮圧に向かう。一揆を扇動する浪人三人を、八郎兵衛は駆けつけざま斬り捨てる。

ことを穏便に収めたかった宗利は怒り、ただちに閉門を命ずる。結果的には八郎兵衛の荒療治で事態は鎮静化し、宗利は八郎兵衛の閉門を解こうとする。が、彼はすでに切腹して果てていた。

八郎兵衛は右目を失明させた主君のために、いつか身命を捧げる覚悟でいたのである。子をもうけようとしなかったのもそのためだった。

八郎兵衛の墓に詣でる宗利に、蕭々と松風の鳴るのが聞こえる……。

というのが梗概であるが、宇和島に伝わる来村騒動の顚末は以下のとおり。

寛文十年（一六七〇）三月十四日、検地の竿入れを前に、領内の庄屋が集まり、三好四郎右衛門を代表に検地の中止を求めた。検地奉行八十島治右衛門は、三好一族を桜木鼻に呼び出し、本人・妻・長男・二男・女《むすめ》二人・下男一人、計七人を斬った。

結果、検地は粛々と実行された。斬り殺された七人の墓は「七人塚」とよばれ、後世、「世直り様」として祀られた。

検地を完了した治右衛門は、領民に苦痛を与え、人命を奪ったことを遺憾とし、一家の名利を捨て、家財を売却して経蔵を菩提寺の金剛山正眼院（五代藩主村候逝去後は大隆寺）に寄進した。

八十島家は断絶したが、後年、七代藩主伊達宗紀が治右衛門の功績を顕彰するため、家臣に八十島の名跡を継がせた。

さて、「八十島斬っての相談」は、果断実行を称揚する言葉として、幕末の頃から宇和島武士の間で使われるようになった。やがて、報告・相談があとになってしまった時の前置きにも使われるようになったが、いまではまったく耳にすることはない。

これも宇和島

宇和島の鹿踊り

八つ鹿踊り、という郷土芸能がある。宇和津彦神社（市内野川）の秋の祭礼の風流で、児童八人が鹿の頭を被《かぶ》り、その面から垂らした紅染めの布で上半身を隠し、胸に抱えた小太鼓を打ちながら、歌い、踊る。

藩祖秀宗の時代に始まったとされ、旧仙台藩領に伝わる「鹿《しし》踊り」が源流である。

廻れ　廻れ　水車　遅く廻りて　堰に
止まるな　（宇和島・八つ鹿）
廻れや　廻れや　水車　遅く廻れば
堰止まる　（宮城県・名取地方）

このように歌詞が酷似していること、関東以西では宇和島地方（宇和島藩及び吉田藩領）にしか分布していないことから、仙台から伝わったものであることは疑問の余地がない。

東北地方の鹿踊りが、猛々しいというか、頭も凶悪な獅子の獣面で、踊りも荒々しい（宇和島人には凶暴とさえ見える）のに対し、八つ鹿は写実的な鹿の面であり、踊りの所作もゆったりとしている。演者が少年なので、どこか角兵衛獅子にも似ており、可憐である。変声期前の少年たちのボーイソプラノで歌われる旋律は、哀愁を帯びている。

伊達政宗は勇壮な鹿踊りを好み、奨励したという。八つ鹿は勇壮とはほど遠く、女性的である。そこで、仙台の鹿踊りを懐かしんだ秀宗が、腰元たちに踊らせたのが始まり、という説を唱えた人がいるが、最もあり得ないことである。

四歳で岩出山を離れ、京、大坂、江戸で育った秀宗が鹿踊りを懐かしがるとは思えない。秀宗が回顧するとすれば、豊臣秀頼とともに「両若様」とよばれ、蝶花のごとく慈しまれた伏見城や大坂城での栄耀栄華の記憶であろう。

宇和島地方の鹿踊りは、八つ鹿、七つ鹿、五つ鹿などが各地域の神社に伝来している。衣装はそれぞれ異なり、歌詞と旋律も微妙に異なっている。少年が演じるのは宇和津彦神社の八つ鹿だけである。「鹿の子」ともいう。

歌詞の中に「すだれやなぎ」という語句がある。これは「簾柳」ではなく、「枝垂れ柳」であり、しをすと発音する東北訛りの名残である。

伊予一国（愛媛県）はすべて上方訛りであるが、宇和島地方だけはそうではない。宇和島人にとって、いわゆる松山弁はひどく耳障りに聞こえるが、これは四国でも宇和島だけが標準語に近いイントネーションだからで、いうまでもなく仙台伊達家の入部が背景になっている。

これも宇和島

宇和島藩犯科帳

処刑

寛永十一年（一六三四）から天明六年（一七八六）までの百五十二年間の処刑の実態は、火炙《あぶ》り四、獄門（磔《はりつけ》獄門）二六、磔二一、斬罪《ざんざい》一〇八。宇和島藩ではその初期には些細なことで処刑していたが、寛保年間（一七四一〜一七四四）以降はきわめて稀になった。刑死者は年に一人程度であったが、江戸ではどうであったか？

小塚原《こづかっぱら》刑場では、初めは本所回向院《えこういん》に埋葬していたが、寛文七年（一六六七）に刑場内に回向院を建立し、埋葬者は年に一〇〇〇人を超えたという。

鈴ケ森刑場では火罪・磔・獄門・鋸《のこぎり》挽きの遺骸を埋葬し、牢死、下手人（斬首刑）は埋めなかったが、それでも年に一〇〇〇人を超えた。見せしめのため遺体を野晒しにすることも多く、元禄の頃、これを見たケンペルはその蛮風に顰蹙《ひんしゅく》したという。

江戸の死刑は、引廻し磔・磔・引廻し獄門・獄門・鋸挽き・火罪・引廻し死罪・死罪・下手人とあり、死罪が一番多かった。死罪は斬首の上、様斬《ためしぎ》りや腑分けなどの恥辱刑に付された。下手人は死罪より軽く、単に首を斬られるだけで、埋葬も許された。

さて、宇和島藩最後の磔は慶応四年（一八六八）、土佐の角治という者である。

角治は土佐でさんざん悪事を働いたのち、領内の横林《よこばやし》村（現・西予市野村町与子林）にやって来た。福楽寺の住職がたくさんの小判を隠し持っているとの噂を聞きつけ、寺に放火して金壺を持って裏山に逃げる住職を殺し、金を奪った。

宇和島に来ると、寄松《よりまつ》の赤土鼻《あかつちばな》にあった茶屋に押し入って夫婦を殺し、金品を奪って岩松（現・津島町岩松）方面に逃走中、捕らえられた。

角治は立正寺参道手前の北町の牢獄に投獄された。

処刑の日は入浴をさせ、髪を整えさせてから牛の背に後ろ向きに乗せ、城下を引き廻した。

たいていの罪人は昂奮して悪口《あっこう》や怒声がすさまじく、一般の町家は固く戸を閉ざしていた。

また、罪人が所望する食い物は、ただでやらねばならないしきたりがあった。角治は、伏見屋でちくわをもらって食い、刑場があった大浦の黒の瀬峠で磔にされた。

黒の瀬のはるか手前、和霊神社にほど近い須賀川に「見返り橋」がある。罪人はここに来ると、名残惜しげに城下を振り返ったので、この名が残っている。死刑は夜明け前に執行された。

破牢

藩政時代の通行（旅行）規制は非常に厳しく、手形がなければどこへも行くことができない。番所では往来手形、乗船手形が厳しく検査され、添手形を受けなければ次の目的地へ行けなかった。宿泊も厳しく統制されていた。

浪人、薬売り、軍書読み（講釈師）、音

曲師、物真似師、遍路は、原則として大通り以外を通行することができなかった。

　したがって、逃げ切ることはまず不可能なので、牢破りはめったにない。

　宝永二年（一七〇五）、入牢中の徳右衛門、治兵衛、七助が貫柱《ぬきばしら》を焼き切って逃亡、二日後に吉田と長浜で捕らえられた。

　正徳五年（一七一五）、二人が破牢して逃亡、二カ月後に磔。

　元文五年（一七四〇）、二人が逃亡、翌日申生田《さろうだ》で百姓らに捕らえられ、四日後に磔。百姓に米二俵、その妻に米一俵、その他の百姓に二〇〇〇文が与えられ、牢番は追放。

　安永元年（一七七二）、二人が破牢して逃亡、十八日後に三机で捕らえられる。牢番は入牢。

過料

　弁償や罰金で罪を許される例が多かった。相手死亡の場合の賠償金は首代《くびだい》といった。

　喧嘩相手が海に落ちて死亡→自首したので首代銀三枚（小判で一・五両）。

　鹿を狙って撃った鉄砲玉が覚兵衛に当たって死亡→猟師は覚兵衛の母を実母と思って大切にすること。

　長月《ながつき》村の納蔵米が盗まれる→門番三人が弁償。

　毛山《けやま》村の伝七の牛が徳助の麦を食い、徳助が牛を叩いたので死ぬ→伝七は麦一升を徳助に弁償、徳助は伝七に牛代として金七〇匁（約一両）を弁償。

　八幡浜の芝居興行で上演期間を無断で延長した→不届きにつき過料銀一〇枚。

　伏見屋新十郎（魚屋？）が旅人を宿泊させた→過料二〇匁。

　無許可で木を伐採した→藤治駄馬《とうじがだば》（藩の山林）へ杉の植樹三〇〇〇本。

　太郎兵衛の女房が鼈甲櫛《べっこうぐし》を使用した→遠慮の上、過料銀一〇枚。

太鼓番の不祥事

　享保十年（一七二五）、六時の太鼓を打ち忘れた→両人に杉苗二〇〇本ずつ植樹。

　宝暦六年（一七五六）、七時に打った後、また打った→過料。

　宝暦八年（一七五八）、御目付が見廻ったところ一人が不在、一人は熟睡→両人とも閉門。

不義・密通

　天下のご法度であるが、露見して磔獄門になる者があった。その組み合わせは武家の女房と若党、侍と仕立屋の娘、江戸在府中の侍の妻と百姓、僧侶と町人の女房など多様である。

　密通相手の女が自害したので遺族に首代を払い、自分は流罪になったという例もあった。

好色

　宇和島藩は何度となく好色の取り締まりをしているが、男女が集まって不埒放埒《ふらちほうらつ》なことに耽っている、婦女の身でありながら独身の男子の家へ懇《ねんご》ろに出入りしている、寺院の者が俗人とみだりに交際し、婦人に接し、酒を飲んでいる等々、好色事件はあとを絶たなかった。

第二章 「西国の伊達」始まる

独眼竜伊達政宗の長子秀宗が宇和郡十万石領主に。ここに西の伊達が始まる。

① 宇和島藩祖・伊達秀宗

伊達政宗の長子として生まれた兵五郎は、御曹司様として伊達家の後継者に。四歳の兵五郎は太閤秀吉に差し出され、秀宗と名を改め、幼い秀頼の臣下となる。大坂冬の陣の直後、将軍秀忠から宇和郡十万石が与えられ、西国の伊達が始まる。

伊達政宗の長子・兵五郎

豊臣秀吉の小田原征伐後、伊達政宗は天下人秀吉に臣従するが、秀吉の甥秀次が関白になると、豊臣政権の後継者である関白秀次に急接近し、何かと誼《よしみ》を通じた。政略上、当然の措置である。

ところが、淀殿に拾丸《ひろいまる》（秀頼）が生まれ、順調に育っていったので、太閤秀吉はしだいに関白秀次を疎んじた。秀次も疑心暗鬼・自暴自棄となり、殺生関白と諷される愚行を繰り返した挙げ句、謀叛を企てたとのかどで切腹させられた。秀吉の処分は苛酷をきわめ、関白秀次と懇意にしていた大名、武将も容赦なく粛清された。

文禄四年（一五九五）の、いわゆる関白秀次事件である。この年の七月、政宗

政宗所用の鎧

伝政宗の甲冑は「金茶糸威（おどし）五枚胴具足」といい、桃山末期あるいは江戸初期に明珍（みょうちん）派の甲冑師によってつくられたと推定される。兜の前立てはおなじみの弦月（三日月）で、黒塗五枚胴には、一カ所、五百円硬貨ほどの浅い窪みがあり、鉄砲試し撃ちの痕跡である。随所に実戦向きの工夫がある一方、全体の黒っぽい配色は、渋さと華麗さを併せ持ち、いかにも政宗好みの甲冑といえる

（宇和島伊達文化保存会蔵）

は謀叛に加担したという嫌疑をかけられ、急遽上京した。

海音寺潮五郎の『武将列伝　伊達政宗』では、政宗は秀吉に弁解して死は免《まぬか》れたものの、

「家を倅《せがれ》の兵五郎《ひょうごろう》に譲るよう。その上で、伊予に国替えとする」

と厳命される。万策尽き果てた政宗は、かねて懇意にしていた徳川家康に相談した。

「おめおめと四国に行って魚《いお》の餌《えば》になるか、ここでいっそ死んだがましか、よくよく分別せい」

とはじめはつれない返事をするが、家康としてもここは政宗に恩を売っておくのが得策と、秀吉に大いにとりなしをした。

結果、伊予への転封は沙汰止みになるが、政宗は帰国を許されず、関ヶ原の合戦まで京都滞在を余儀なくされた。政宗は戦国武将きっての教養人、文化・芸術の理解者であるが、これは十四年に及ぶ上方滞在中に身につけたものである。なお、家康のとりなしで難を逃れた伊達、最上《もがみ》義光、細川忠興《ただおき》らはいずれも関ヶ原合戦で東軍に味方した。

さて、倅の兵五郎というのが、のちに宇和島藩祖となる伊達秀宗である。

政宗は天正七年（一五七九）冬、十三歳にして三春★城主田村清顕《きよあき》の女《むすめ》の愛姫《めご》十一歳と結婚している。十二年十月には父輝宗から家督を譲られ、抵抗勢力の小手《おで》

▼三春
現・福島県三春町。

森《もり》城主大内定綱を過酷非情な戦術で屈服させるが、翌年十月八日、二本松城主畠山義継の謀略によって輝宗を失う。父の弔い合戦では、畠山に味方する佐竹・蘆《あし》名《な》の強力な連合軍に辛勝《しんしょう》し、以後、大いに領土拡大を推し進めた。

天正十五年十二月、関白秀吉は関東、東北の諸大名に惣無事令（私戦禁止命令）を発令するが、政宗はこれを無視して侵略戦争を続けた。天正十七年には蘆名氏を滅ぼし、奥羽に百五十万石という全国屈指の大領国を築く。

この頃、富田知信ら秀吉側近が再三にわたって政宗に上洛を促した。太閤に屈服せよというのであるが、若い政宗は自分の実力を過大評価し、秀吉を過小評価していたこともあり、この勧告に従わなかった。

天正十八年六月、ようやく事態を深刻とみた政宗は、死装束《しにしょうぞく》で小田原参陣をする。時期的には手遅れというべきであったが、なんとか死を免れた。しかし、秀吉によって領地は七十二万石に半減（奥州仕置《しおき》）された。

秀吉の命により、政宗は蒲生氏郷《がもううじさと》とともに葛西・大崎一揆の平定にあたるが、一揆を扇動しているのは政宗である、と氏郷が秀吉に報告したので、天正十九年二月四日、弁明のため入京した。小田原遅参の二番煎じではあるが、黄金の磔《はっつけ》柱《ばしら》を押し立て、死装束で京入りし、「あっぱれ烏滸《おこ》の者」と喝采された。

一揆扇動は、奥州仕置で領地を没収された政宗の失地回復策であった。氏郷が提出した一揆扇動の書状を、「拙者は花押《かおう》の鶺鴒《せきれい》の目に針を刺すことにしている。

鶺鴒の花押
（仙台市立博物館蔵）

これは祐筆も知らぬことである。しかしこの書状には針の穴がない。したがってこれは偽書《ぎしょ》である」と白を切った話は有名である。

政宗はまたしても秀吉に赦されるが、五十八万石に減封の上、米沢城から岩手沢城★への移転を命じられた。

天正十九年九月二十三日、政宗は岩手沢城に移り、岩出山城と改めた。九月二十五日、奥州柴田郡の村田民部宗殖《むねふゆ》の居館で兵五郎が生まれた。

生母については諸説ある。飯坂右近宗康の二女で飯坂局、吉岡局、松森局とよばれたとの説、出羽本庄★城主六郷《ろくごう》伊賀守の女《むすめ》で新造の方という説、猫御前という異名も伝えられる。龍華山等覚寺（宇和島市野川）に秀宗が建てた供養塔があるが、「龍泉寺殿心月妙圓大禅定尼」とあり、没年は慶長十七年（一六一二）四月二十二日となっている。慶長八年に没したとの記録（「飯坂盛衰記」）もある。

新造の方は、政宗の岩出山移転に同行する途中、村田の館で出産し、翌年、母子ともに岩出山★に入った。兵五郎は庶子であるが、正室愛姫に男子ができないので、岩出山では「御曹司様」とよばれ、伊達家の家督継承者とされていた。

秀吉の猶子から十万石の大名に

文禄三年（一五九四）、政宗は四歳の兵五郎を伴って秀吉に拝謁した。兵五郎が

▼岩手沢城
現・宮城県大崎市（旧・玉造郡岩出山町）にあった城。

▼出羽本庄
現・秋田県由利本荘市。

▼岩出山
岩出山初代領主伊達宗泰は政宗の四男で、秀宗の異母弟。後年、戊辰戦争で岩出山領主伊達邦直は新政府軍と戦火をまじえ、奮戦したが、城地を召し上げられた。邦直主従は苦難の末、明治五年、現在の石狩郡当別町に新天地を切り開いた。

伊達家の嗣子《しし》であることを表明し、その上でこの子を育ててほしいと秀吉に願い出た。いわゆる人質であり、ゆくゆくは秀吉の子飼いの大名にしてほしい、という申し出である。秀吉は大いに喜び、兵五郎を竣工まもない伏見城で養育した。秀次処分はこの翌年のことである。

文禄五年五月九日、兵五郎は秀吉の猶子《ゆうし》（養子格）として聚楽第《じゅらくてい》で元服し、秀の一字を与えられ（偏諱《へんき》）て秀宗となった。このとき秀宗が賜った白梵天の馬《うま》験《じるし》が、現在も宇和島伊達家に保存されている。

従五位下侍従となった秀宗は大坂城に移り、二歳年下の拾丸（秀頼）の遊び相手となった。慶長元年（一五九六）十二月十七日、四歳の秀頼が元服のために御所に参内した時には、秀宗もお供をし、秀吉から拝領品★があった。

秀吉に偏諱を与えられた武将には、宇喜多秀家、結城秀康、徳川秀忠、小早川秀秋など多数いるが、より若い世代に属する秀宗は、秀頼に仕えたということで珍しい武将である。

ところで、伊達秀宗は宇和島藩の初代藩主にもかかわらず、宇和島ではあまり崇敬を鍾《あつ》めていない。市内のどこにも顕彰碑や銅像はない。「秀宗公」と尊称する人も、まずいない。幕末・維新期に活躍した七代藩主宗紀《ただ》（春山公）と八代藩主宗城《なり》が賢侯だったので、その陰にかすんでしまった感もある。

もっとも、秀宗が名君であったと伝える逸話（『鶴鳴餘韻』）もないではない。

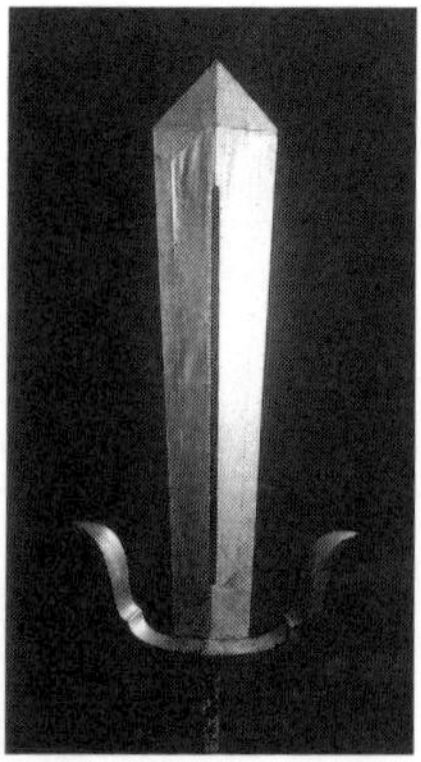
白梵天の馬験
（宇和島伊達文化保存会蔵）

▼拝領品

菊桐紋散枝菊文蒔絵広蓋
（宇和島伊達文化保存会蔵）

御紋散藤扇面蒔絵広蓋
（宇和島伊達文化保存会蔵）

秀宗が秀頼と組み討ちの遊びをした時のこと、年長の秀宗は秀頼を組み敷いたが、踏みつける際、とっさに懐紙を取り出し、直《じか》に踏まなかった。これを見て、淀の方（淀殿）はじめ居並ぶ豊臣家の人々は大いに感心し、伝え聞いた秀吉も感心したという。

参勤交代の帰国途中、海が荒れて船が転覆しそうになった時、秀宗だけが泰然自若、少しも騒がなかった、という話もある。

伊達政宗が関ヶ原合戦で徳川に味方したので、秀宗は石田三成によって宇喜多秀家邸に人質として留め置かれたが、合戦はわずか半日で徳川方の勝利に帰した。

政権が徳川に移ると、政宗は豊臣家に差し出した御曹司秀宗の扱いに窮した。政宗が今井宗薫《そうくん》★に送った書状が伝えられているが、愛姫が産んだ二男虎菊丸の縁組のこと、秀宗の大名取り立てのことなどを家康にとりなすよう依頼している。

慶長七年九月、十二歳の秀宗は伏見城で内大臣家康に謁見し、淀殿、秀頼と別れて徳川氏の人質として江戸に向かった。

政宗は「菊月廿六日」（九月二十六日）付の書状で、秀宗守役大和田筑後忠清に「十一ヶ条の掟書」を与えている。手習い・読み物を不断に指南せよ、外出は月に一度ほどとせよ、鷹狩りは無用にせよ、鉄砲は無用にせよ、花火も無用、見物に出ること無用、大酒は堅く停止する、安易に人と親しくなってはいけない、といった内容である。大名家の御曹司の生活の一端も窺えて興味深い。

▼今井宗薫
茶人今井宗久の子。秀吉のお伽衆として仕えたが、秀吉没後は家康に接近した。

八重洲河岸に屋敷を賜った秀宗は、政宗の監視下に置かれた。大和田筑後、内崎越後、粟野豊後ら一五人の侍が付けられ、この中に、のちに非業の死を遂げる山家清兵衛もいた。これに、須田隼人ら二九人の近習が加わる。

翌《あく》る慶長八年正月、政宗は虎菊丸（忠宗）五歳を、伏見城の家康に拝謁させた。なかなか子のできなかった愛姫に男子が生まれ、夭折しなかったのは政宗にとって幸運で、虎菊丸は生まれてきたことと無事に育ったことで、仙台伊達家の存続に寄与した。

愛姫と虎菊丸は江戸の上屋敷に移る。四歳で生母の猫御前と別れた秀宗が、父政宗との縁もしだいに薄くなる一方、虎菊丸は父母のもとで育てられる。

慶長十四年、秀宗は家康の命により彦根藩主伊井直政の女《むすめ》亀を妻とし、ほぼ完全に徳川陣営に取り込まれた。

慶長十六年十二月、虎菊丸が江戸城で元服し、将軍秀忠の一字を賜って忠宗と名乗った。秀宗より八歳年少の忠宗が、仙台伊達家の事実上の後継者となった。

秀宗は側室の子であったから仙台藩を継げなかった、と思っている宇和島市民も少なからずいる。それが誤りであることは、記したとおりである。一般に戦国時代は資質にすぐれた者が家を継いだ。家康は正室の長子相続を原則としたが、その実、徳川十五代将軍のうち御台所《みだいどころ》（将軍正室）の子は三代家光だけである。

慶長十九年十一月十日、政宗は家康腹心の本多正純に書状をしたためた。秀宗

亀姫の墓所（金剛山大隆寺）

の「身上之儀」（秀宗が豊臣秀吉の猶子であったため領地を与えられない事情）を、両御所（家康、秀忠）に伝えてほしいと訴え、「返々《かえすがえす》頼入《たのみいれ》計《ばかり》候《そうろう》」（くれぐれもお願いします）と念を押している。

大御所家康は大坂冬の陣を前にして二条城にいた。同日、政宗は家康と面会し、翌日も軍議に参加した。政宗は冬の陣参戦の見返りに秀宗の大名取り立てを要求し、文書で本多正純に根回しをしたのである。参戦を条件にしたとすれば、政宗はなかなか強気である。この書状は最近、高知市の旧家で発見された。

秀宗は大坂冬の陣に政宗とともに従軍した。十二月二十八日、関ヶ原合戦以来の政宗の戦功と秀宗の忠義に酬いる、との理由で伊達秀宗は、将軍秀忠より宇和郡を拝領した。その内容は、本高十万二千百五十四石三斗八升六合、一七郷・二七三カ村というものである。

秀忠は秀宗を国持大名格とし、「自分以後西国の伊達、東国の伊達と相並《なら》ぶ」よう、と賞した。「西国の伊達」の誕生である。が、本来は仙台伊達家の大大名となるべきところ、四国の僻遠《へきえん》の地に封じられたのであるから、このとき二十五歳の秀宗はさだめし不満だったであろう。

もともと政宗は、関ヶ原合戦で、東軍に味方すれば百万石を与えるという、「百万石のお墨付き」（仙台に現存）を家康から与えられていた。関ヶ原合戦がわずか半日で終わるとは、さすがに政宗も予想していなかったので、東西決戦のど

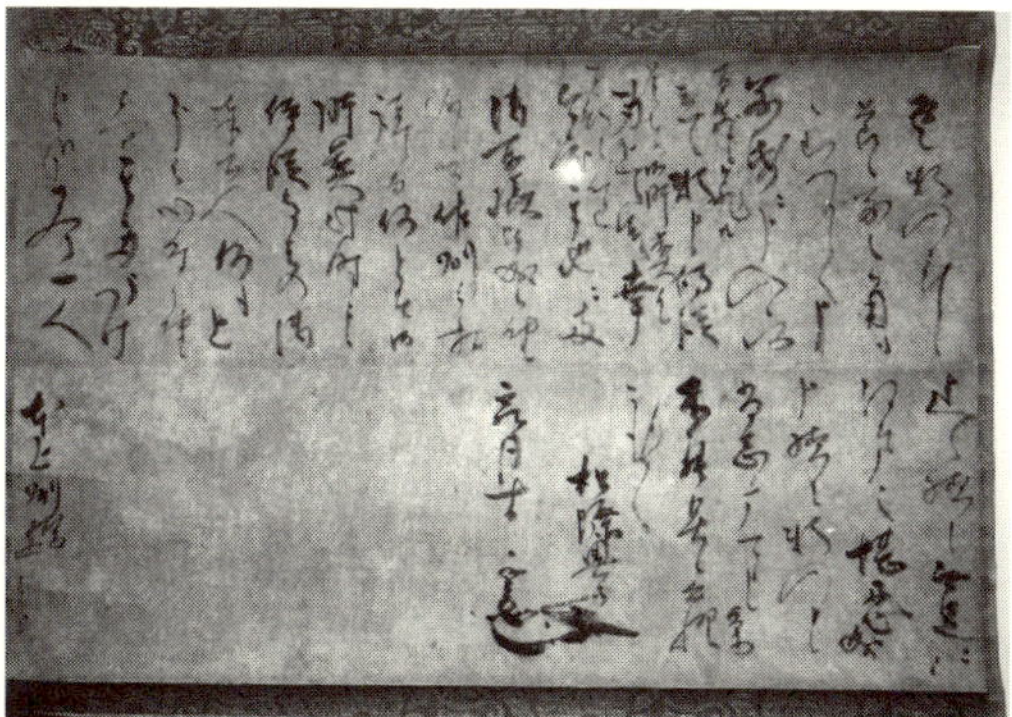

政宗の本多正純宛て書状
（高知県立歴史民俗資料館蔵）

さくさ紛れに近隣の侵略を図った。これが露見して約束を反故《ほご》にされたのである。政宗としたら、今さら十万石など笑止千万だったかもしれない。

関ヶ原以来の伊達家の忠勤に酬いる、というのは表向きの理由で、徳川の外様大名弱体化策として、伊達家を東西に分断する意図も窺える。また、豊家殲滅《せんめつ》戦である大坂夏の陣の前に、秀頼と兄弟のように育った秀宗を四国に遠ざけた、とみる人もいる。

伊予・板島丸串城に入城

慶長二十年（一六一五）正月、粟野豊後、小川出雲、山家清兵衛ら数十人が秀宗に先立って板島入りし、藤堂良勝から城地を受け取った。三月十八日、伊達秀宗主従が板島丸串城に入城した。家臣団は、前述した付人と近習のほか、志賀右衛門らのいわゆる「五十七騎」がいた。五十七騎は政宗自ら選抜したといわれる。

政宗は未知の土地での秀宗の領国経営を心配し、五カ条の教訓をしたためた。これは巻物になって「貞山公御教諭」として宇和島伊達文化保存会に伝来する。以下に意訳する。

覚

一、両御所（家康、秀忠）に筋道を通すことはもちろん、そのことを決して

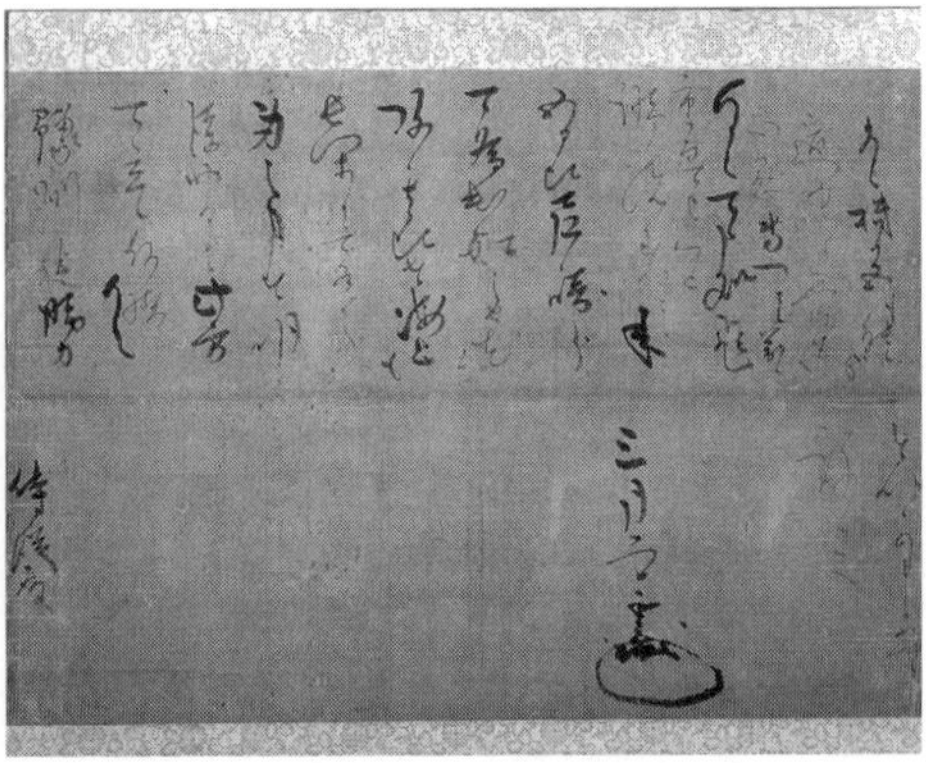

道中を案じる「政宗書状」
「道中も養生之心懸専一ニ候」と伊予へ旅立つ秀宗の身を案じている
（宇和島伊達文化保存会蔵）

忘れてはいけない。

二、家臣を大切にするよう。但し、罪は決して許してはいけない。

三、常に弓矢（武芸）を心がけるのはいうまでもない。

四、学問のことは口頭で伝える。碁や将棋（など教養）のことも。

五、家臣を思いやり、その心を聞き分けること。

右の五カ条のほかにも言っておきたいことがあるが、あなたは道理をわきまえているから、あとは両人（志賀右衛門、山家清兵衛）に口頭で伝えておく。

二月廿七日★　政宗（花押）

伊達侍従★殿

前出の「十一ヶ条の掟書」と比べると、一国の城主秀宗に対する文書となっている。冒頭、家康、秀忠のことから切り出しているが、言外に豊臣恩顧のことを忘れよとの意が含まれているような気もする。

家臣団には、老中（家老）として、御一門の桑折《こおり》左衛門（七千石）、侍大将桜田玄蕃（千九百石）、惣奉行山家清兵衛（千石）、御境目押《おんさかいめおし》★に山崎式部（千石）、江戸定御供《えどじょうおとも》★に神尾勘解由《かげゆ》（三百石）などがいる。

五月七日、大坂城が落城し、秀頼と淀の方は自害した。育ての母ともいうべき淀殿と、弟ともいうべき秀頼の訃報に、秀宗はどのような感懐をいだいただろう

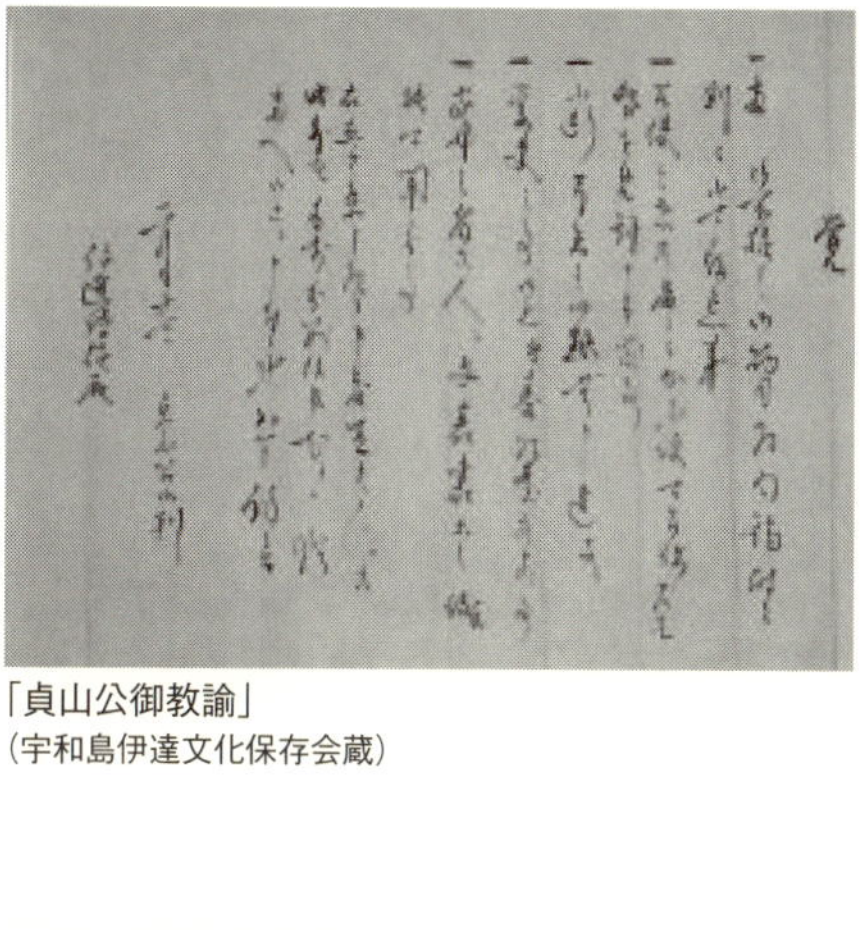

「貞山公御教諭」
（宇和島伊達文化保存会蔵）

▼廿七日
二十七日。

▼伊達侍従
秀宗の官職名。

▼境目押
国境警備。宇和島藩は大洲藩、土佐藩と隣接していた。

▼江戸定御供
江戸藩邸勤務。江戸詰め。

か。未知の土地での創業という大事にあっては、感傷にひたることもできなかったかもしれない。

秀宗が受領《ずりょう》した板島丸串城は、本丸・二の丸・長門丸・井戸丸・代右衛門丸・式部丸・三の丸からなる、築城の名手藤堂高虎による本格的な城郭である。

山頂の天守から俯瞰《ふかん》すると、半島が入り組み、島々が浮かぶ箱庭のような宇和島湾が見える。背後には一〇〇〇メートルを超える鬼ケ城連山が屏風のように切り立っている。

城下は、山と海の間にわずかに開けている。藤堂高虎と富田信高によって、城の外堀とするために神田川、辰野川が付け替えられ、のちに中心市街地を形成する向新町《むかいじんちょう》が埋め立てられ、外郭が拡張され、藤江に船手屋敷、樺崎に港湾施設

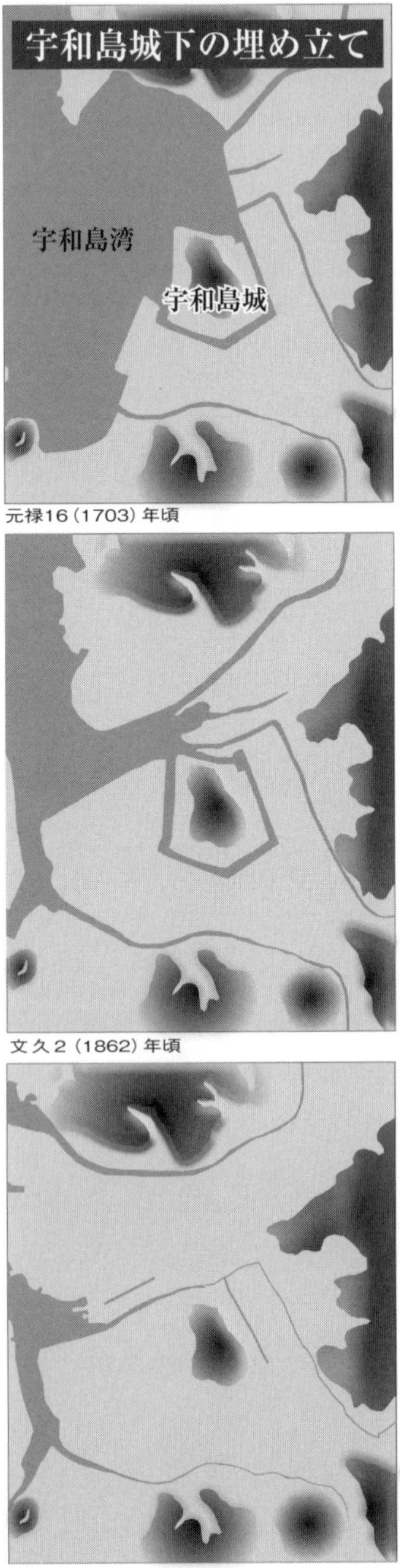

元禄16（1703）年頃
文久2（1862）年頃
2011年6月

宇和島市俯瞰写真

が概《おおむ》ね完成していた。が、それにしても城下は狭い。秀宗は大いに落胆したかもしれない。

この時、城下は十数町に区分され、町家はおよそ五〇〇軒（寛永四年に幕府隠密が書いた探索書には「家六七百」があるとしている）という。侍屋敷は二五〇軒余で、給知侍二〇〇人ほど、切米侍四八〇人余、惣足軽七七〇人ほど、小人（奉公人）六〇人余、足軽以下一二〇〇人ほどという。五年後、「諸士分限帳」が作成され、寛永二十年（一六四三）には家臣団の人事がほぼ確立された。

領内は御庄《みしょう》組、津島組、御城下組、河原淵《かわらぶち》組、山奥組、野村組、山田組、多田組、矢野組、保内《ほない》組の一〇組（寛文検地以後確立）に分けられ、郡奉行が支配し、それぞれの組に代官を置き、その下に庄屋を配して統率した。

初代伊達秀宗

生年：天正十九年九月二十五日（一五九一年十一月十一日）
没年：万治元年六月八日（一六五八年七月八日）
実父：伊達政宗
生母：龍泉寺殿（諸説あり）
正室：彦根藩主井伊直政の女《むすめ》亀子

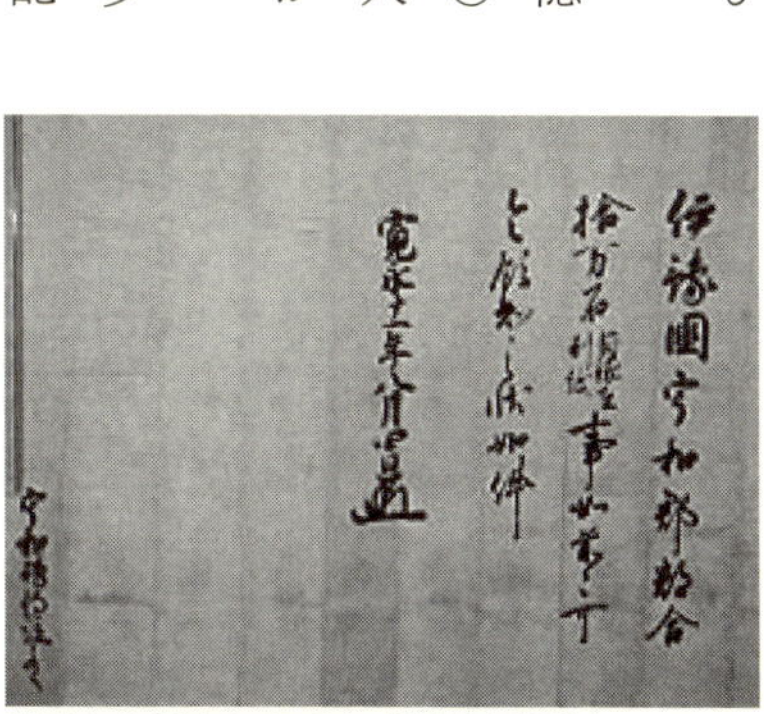
家光から秀宗に宛てた「所領安堵状」
（宇和島伊達文化保存会蔵）

多難な領国経営

桑折《こおり》左衛門を後見役、桜田玄蕃を侍大将、山家《やんべ》清兵衛を惣奉行として始まった領国経営は、前途多難であった。

山家清兵衛は地勢や民情を調査したが、戸田勝隆、藤堂高虎、富田信高、幕府支配地とめまぐるしく交代したこともあって、領地は疲弊していた。民政担当の山家の困惑は想像に難くない。

元和二年（一六一六）、駿府で大御所家康が発病し、秀宗は見舞いに参上した。銘貞宗の脇差と鹿毛の馬一頭を拝領した。貞宗の脇差は宇和島伊達文化保存会に現存する。

元和三年、秀忠より伏見城の千畳敷御殿が贈られ、これを三の丸に移築した。その襖絵を屏風に仕立てたものが宇和島伊達家に伝来している。この頃には板島丸串城は宇和島城と改められ、板島も宇和島と呼ばれるようになった。「宇和島」の初見は、元和七年に愛宕神社に奉納された鰐口★の銘といわれる。

同三年、板島入りに際して政宗から借りた創業資金三万両（六万両とも）の返済をめぐって藩論が紛糾した。結局、山家清兵衛の献策により、政宗隠居料として毎年三万石を贈ることになった。

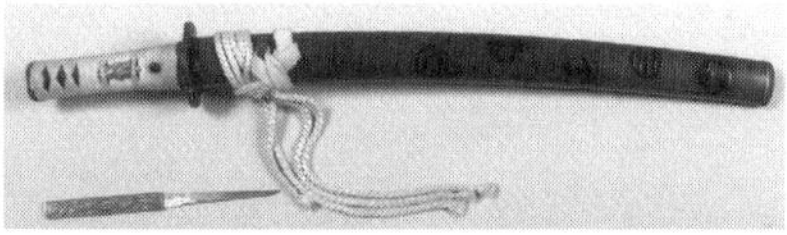

銘「貞宗」の脇差（拵）
（宇和島伊達文化保存会蔵）

「伏見御殿屏風　唐人図」（部分）
（宇和島伊達文化保存会蔵）

▼鰐口
神社仏閣の正面軒先に吊るす金属製の鈴。

元和四年から、城下の北口に仙台役所が置かれ、寛永十二年（一六三五）まで十八年間、三万石を仙台藩に納める。政宗は死ぬまで隠居しなかったので、実質的には政宗への分知である。このため、家臣は減俸をやむなくされ、反山家派が生まれたといわれる。

この年の四月、秀宗は「万般仕置行跡等、油断有るまじく候」「士の仕置さえ能く候はば、万事叶ひ候」と家臣に命じ、地《じ》方《かた》知《ち》行《ぎょう》制を実施し、民政の方針を「旧慣旧例」に従うこととした。

さて、政宗が手腕を見込んで抜擢した山家清兵衛公頼《きんより》は、秀宗の補佐役であると同時に監視役でもあった。秀宗の浪費をいさめる政宗の手紙★が残っている。秀宗の行状は清兵衛によって逐一報告されていた。

もともと山家氏の出自は、政宗の母（義《よし》、義姫）の実家である最上家で、家臣団の中では傍流である。このことも、のちに清兵衛が最も無惨な殺され方をしたことと関係があると思われる。

入部五年後の元和六年六月三十日（二十九日とも）、山家清兵衛はその屋敷において惨殺された。山家清兵衛の暗殺は、改易問題にまで及んだ宇和島藩の大事件であり、のちに清兵衛が神として祀られるにいたる経緯を含めて「宇和島騒動」「和霊《われい》騒動」とも呼ばれる。

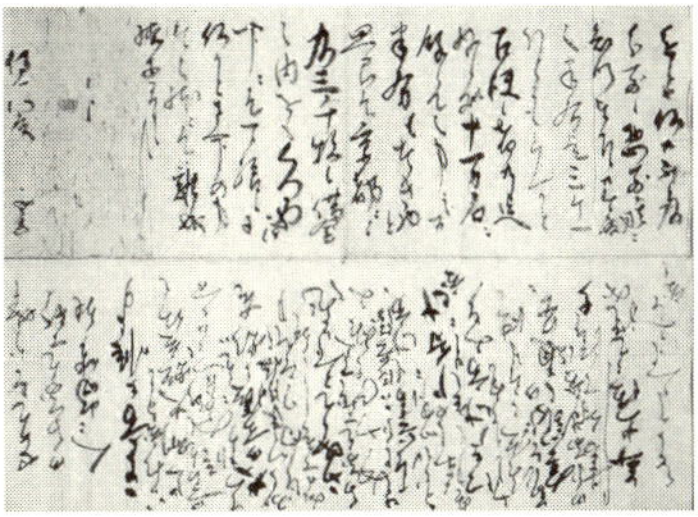

▼秀宗（侍従殿）を諫める政宗書翰　大名に取り立てられた秀宗が諸大名・公家らに祝儀の進物を大盤振舞いしていることを聞きつけた政宗が「何とも分別及ばず候」と怒っている。末尾に「せきれいの花押」が見える。年月日未詳（元和二年二月二十二日～四月四日の間と推定）

（宇和島伊達文化保存会蔵）

②

山家清兵衛事件

ここからお江戸は三百里……僻遠の地宇和島は荒廃し、藩経営は前途多難だった。政宗が抜擢した財政担当の山家清兵衛は家中でしだいに孤立、秀宗にも疎まれる。秀宗は清兵衛を上意討ちし、政宗は秀宗を勘当、宇和島藩はあわや改易の大騒動に。

和霊伝説

宇和島地方のこどもたちは、蚊帳《かや》を吊る季節になると、両親、祖父母、曾祖父母などから和霊伝説を聞かされたものである。

家老の山家清兵衛公は、財政難の宇和島藩にあってもっぱら質素倹約を旨とし、重い年貢も課さなかったので、領民から慕われていた。一方、侍大将の桜田玄蕃は、年貢のことで清兵衛と意見が対立していたが、軍費を厳しく削減されたので、清兵衛を憎むあまり、山家邸を襲撃した。

雨の降る蒸し暑い夜で、清兵衛は蚊帳を吊って寝ていたが、桜田はまず蚊帳の四隅の吊り手を切って落とし、もがいている清兵衛を芋刺しにした。男の子がいたが、井戸に投げ込まれて殺された。

山家清兵衛肖像（伊達村候画）
（金剛山大隆寺蔵）

「昔から、和霊様（山家清兵衛）を偲《しの》んで、今夜だけは、蚊帳を吊らんことになっとるんで。ええかな、蚊に食われても我慢しなはいよ」

かつて蚊帳は夏の必需品であった。宇和島では、蚊帳は和霊様惨殺とセットになっており、麻の暗鬱な匂いは惨劇の象徴でもあった。

「そがいな酷《むご》いことをしたもんやけん、桜田には罰《ばち》があたってなあ、生まれてくる男の子はみな跛《ちんば》で、女の子は眼が見えん。そのうち、お殿様の奥方の法要があって、桜田玄蕃もお供して金剛山（金剛山大隆寺、当時は正眼院）にお参りしたところが、法事の途中、大きな雷が落ちて、本堂の梁《はり》がへし折れてなあ、玄蕃は梁にしゃがれて★ぺっしゃんこになって死んだのぜ」

非業《ひごう》の最期を遂げた山家清兵衛公の祟りということで、殿様は清兵衛公の御霊《みたま》を和霊神社にお祀りし、今でも七月二十三・二十四日に盛大にお祭りをする……。

この和霊伝説は、勧善懲悪・因果応報譚《たん》として語り継がれてきたが、おそらくこれは近代になってからである。一般家庭における蚊帳の普及、ということを併せて考えると、そんなに昔のことではない。蚊帳が廃《すた》れるにつれ、和霊伝説が語られることもなくなった。

6万両の返済をめぐって藩論が紛糾する
（末広鉄腸著『南海の激浪』より）

▼しゃがれて　下敷きとなって。宇和島方言。

雨夜の暗殺と真相

伊達家は山家暗殺の真相を湮滅《いんめつ》し、記録は一切残っていないが、伝えられるところ、事件の概要はほぼ以下のようになる。

秀宗は入部当時、政宗から多額の借金をした。その返済をめぐって、踏み倒せとか、今のところは返す必要はない、長期返済でよい、という多くの意見もある中、清兵衛の献策で十万石のうち三万石を政宗隠居料として納めることになった。結果、家臣は減俸を余儀なくされ、家中に山家排斥《はいせき》の気運が高まった。

借金を返さなくてもいいと誰よりも強く思っていたのは秀宗だった。仙台六十二万石を棒にふり、貧乏籤《くじ》を引いて、はるばる四国の僻遠に来たのだから、貰って当然と思っていた。返さなければなりません、などと堅いことをいう山家は疎ましい存在である。反対派は清兵衛暗殺を企て、秀宗の生母龍泉寺殿の七回忌の時、法要の奉行をまかされていた清兵衛を茶坊主を使って毒殺しようとしたが、これは未遂に終わった。

間《ま》が悪いことに、幕府に大坂城石垣の修築工事を命じられ、元和六年正月から石垣工事を担当することになった。奉行として清兵衛と桜田玄蕃が大坂に派遣された。藩は費用の捻出に苦しみ、秀宗は「米も大豆もない。秋（収穫）までは扶持方さえ足りない。よく心得ておくよう」と二人に書状を送った。

工事の進捗状況について桜田、山家の秀宗への報告に齟齬《そご》があり、面目を失った桜田は、山家に不正あり、と讒言《ざんげん》した。清兵衛は帰国して弁明した上で、謹慎した。

玄蕃一味が、雨のそぼ降る深夜、山家邸（現・宇和島市丸之内和霊神社境内地）を襲撃した。清兵衛と二男・三男は斬殺され、九歳の四男美濃は井戸（丸之内和霊神社の社殿裏に今も残る）に投げ込まれて死んだ。清兵衛の母と夫人は危うく難を逃れたが、隣家の女婿《むすめ》塩谷内匠《しおのやたくみ》父子三人は斬り殺された。

事件発生時、桜田玄蕃は大坂で修復工事に従事しており、実行犯としてはアリバイが成立しているが、侍大将という立場上、山家とは対立して当然であるし、父祖代々の門地の自負からしても、最上家の出である清兵衛を見下していたと思われる。しかし、暗殺が桜田の私怨《しえん》によるものであれば、喧嘩両成敗で桜田も処罰は免れないところ、桜田玄蕃は無事安泰である。桜田家は代々、藩の重職にあった。ちなみに、八代藩主宗城がひそかに招聘した高野長英の寓居《ぐうきょ》は、家老桜田佐渡の別邸である。

桜田私怨説には大いに疑問があるし、桜田が讒言したという確証もない。

大正六年（一九一七）十月二十五日に刊行された『北宇和郡誌』は、執筆にあたった碩学《せきがく》兵頭賢一★の労作であり、宇和島・吉田両藩史として今なお評価すべき

美濃が投げ込まれた井戸
（宇和島市丸之内）

井戸の上に小祠が建っていて、普段は井戸そのものを見ることはできない

▼兵頭賢一
一八七三〜一九五〇。宇和島の郷土史家。旧伊達図書館長。

ものであるが、山家事件については、
「元和六年六月二十九日、山家清兵衛一門悉く奇禍に斃る」
とのみ記している。

承応二年（一六五三）の和霊神社の造営と遷宮《せんぐう》に関する記述では、
「鶴鳴餘韻に曰く　是より先き元和五年《ママ》山家清兵衛父子御成敗ありしに」
としている。『鶴鳴餘韻』は、伊達家家記編輯所が大正三年に刊行した公式の家記で、兵頭賢一も編集作業にあたっている。

改易騒動にまでいたった大事件であるにもかかわらず、兵頭の記述はあまりにもそっけない。このそっけなさには、清兵衛を祀る和霊神社（後述する）と伊達家との微妙な関係も窺われるが、秀宗の「御成敗」であることは明記される一方、桜田玄蕃の関与については一言もふれていない。にもかかわらず、『北宇和郡誌』刊行の大正六年以後も、桜田讒言説、桜田首謀説は根強く語り（書き）継がれていった。

仙台四代藩主伊達綱村が、宇和島二代藩主伊達宗利に宛てた書状がある。綱村はわずか二歳で仙台藩主となり、十三歳で寛文事件（伊達騒動）に巻き込まれた殿様である。宗利は綱村の二十五歳年長、伊達騒動後は幕命によって仙台藩の相談役になっていた。

「かねて承っていますが、秀宗公が山家清兵衛と申す者を御《ご》成敗なさって以来、

丸之内和霊神社（山家邸跡）

怨霊《おんりょう》が悪いことをやっているようです。その後、お祀りして少しはよくなったそうですが、御《お》誕生の男子に仕合わせがない（宗利男子の相次ぐ夭折《ようせつ》）のも、怨霊の祟りだとすれば困ったことです。瑞聖寺《ずいしょうじ》（芝白金★の黄檗《おうばく》宗の名刹《めいさつ》）に参詣する予定なので、鉄牛和尚に祈禱をしてもらいます。この件、どうか他言無用に。清兵衛や怨霊のことについては、できるだけ御自筆でお寄せ下さい。くれぐれも御内密に」

秀宗の上意討ちであることは明白である。

秀宗は玄蕃に宛てて、「清兵衛のことは沙汰の限り★であるので、殺害を申し付けた。これについては仙台藩に（報告のため）渡瀬太郎兵衛を遣わした」という書状を送った。刺客による闇討ち、一家皆殺しという過酷さからしても、秀宗が清兵衛を「沙汰の限り」と憎悪していたのは疑問の余地がない。

事件を知った政宗は、山家を成敗するとは言語道断、僭越《せんえつ》の限りと激怒する。秀宗は、自分はれっきとした国持格の大名、悪者の清兵衛を成敗するのにいちいち仙台に相談する必要はない、と思っていたようであるが、怒り心頭の政宗は秀宗の弁解にまったく耳を藉《か》さず、秀宗を勘当した。

それかあらぬか、

「倅は大虚《うつ》けなので勘当した。とうてい十万石を治める器ではないので、十万石を召し上げてほしい」

▼芝白金
現・東京都港区白金台。

▼沙汰の限り
言語道断。もってのほか。

と幕府に願い出た。

前代未聞の申し出に幕閣も当惑したが、ここにいたって秀宗夫人の実兄井伊直孝が事態収拾に乗り出し、家老桑折左衛門も江戸に出府して公儀に工作した。井伊直孝、桑折左衛門の骨折りの甲斐あってか、老中土井利勝は政宗の申し出を将軍に上奏せず、内藤外記《げき》と柳生宗矩を政宗に派遣し、事をうやむやにした。

勘当と改易願いは、宇和島藩取り潰しを回避するための政宗捨て身の大芝居、ともいわれる。事実であれば、いかにも独眼竜政宗の面目躍如たる話ではある。

和霊信仰

山家事件は公的記録が残されていないので、謎にみちており、明治以後、多くの郷土史家によって熱心に研究・考証されてきたが、ここでは事件をこれ以上詮索せず、清兵衛を祭神とする和霊信仰についてふれておく。

凶刃《きょうじん》に斃れた山家一統は、はじめは有志によって金剛山正眼院近くの西ノ谷にひっそりと祀られた。いまも和霊廟（お霊様《たまや》）として崇敬されている。

寛永九年（一六三二）、桂林院殿（秀宗正室亀）の三回忌法要の時、大風が吹いて金剛山正眼院の本堂の梁が落ち、玄蕃が圧死した。以後、事件関係者が海難・落雷などで次々に変死し、人々は清兵衛の怨霊の祟りと恐れた。

和霊廟（宇和島市宇和津町）

そこで、家老神尾勘解由が、城北の八面大荒神★の社隅に小祠を建て、児玉《みこたま》明神とし、霊を慰めた。

慰霊の甲斐もなく、秀宗の発病、六男の早世、飢饉、長男宗實の早世、台風、大地震など凶事が相次いだ。承応二年（一六五三）、秀宗は檜皮《ひわだ》の森に神社を建て、京都吉田家の奉幣使《ほうへいし》を迎えて六月二十三・二十四日に神祇勧請し、正式に「山頼《やまより》和霊神社」とした。この年の五月二十九日、事実上の二代藩主である（後述する）二男宗時が三十九歳で亡くなっているが、秀宗はこれも清兵衛の祟りと畏れたにちがいない。

和霊神社は、大坂、京都、江戸の宇和島藩邸にも置かれた。

なお、玄蕃が圧死したのは事実で、これは桜田家の由緒書にも記されている。奇禍に斃るとはまさにこれで、いわば怪死である。

享保十六年（一七三一）、山家清兵衛を追慕尊崇する五代藩主村候《むらとき》は、大規模な社殿（現・宇和島市和霊町）の造営を始めた。町人による笠鉾屋台が寄進され、興行・風流が催され、武士・町人・農民総参加の大祭が始まった。爾来、和霊神社はそれまでの祟り神から、無実を晴らす神、救世護国の神、産業振興の神として民衆に広く信仰されるようになる。

清兵衛には怨霊伝説がある一方、凶刃に倒れながら死して護国の鬼となったという忠臣伝説もある。殺されてなお秀宗の夢枕に立ち、火事を予告した、という

▼**八面大荒神**
地方によって呼び方が異なる。「はちめんたいこうじん」「やつづらおおさけがみ」「やつらおおさけかみ」など。

類の伝承である。この種の口承には忠臣に対して奸悪な佞臣《ねいしん》が配される。悪役を振られたのが怪死を遂げた玄蕃で、玄蕃悪人伝説の始まりは、村候が清兵衛を武士の鑑《かがみ》・護国の神として称揚したこの頃からではないだろうか。

流行神として和霊信仰は各地に伝播した。和霊神社は四国・九州・山陽・山陰など西日本を中心に、独立社・境内社・屋敷神が一五〇社を超える。

坂本龍馬の坂本家の屋敷神も和霊神社である。文久二年（一八六二）三月二十四日、龍馬は「花見に行く」といって家を出ると、和霊神社（高知市神田）に参詣し、武運長久を祈願してから脱藩した。

仙台にも和霊神社がある。山家事件後、山家氏の一族が仙台に戻り、旧東一番丁に屋敷を構え、和霊神社を祀ったという。上意討ちは山家一家のみならず、隣家の女婿《むすめむこ》塩谷内匠父子にも及んだ。族滅である。誰も仙台には戻れない。清兵衛の長男喜兵衛が、仙台に残っていた。その屋敷は旧東一番丁にあった。事件を知った山家喜兵衛が、清兵衛はじめ一族の霊を邸内に祀ったのである。

宇和島地方では、藩祖秀宗を「伊達様」「秀宗様」と呼ぶことはないが、山家清兵衛・和霊神社・和霊大祭を一括して「和霊様」と尊称している。

和霊大祭は、現在も七月二十三・二十四日に開催され、往時の賑《にぎ》わいはないが、宇和島を代表する祭りである。祭りには必ず雨が降るといわれ、少雨であれ雨が降ることが多い。和霊様の涙雨である。

山頼和霊神社（宇和島市和霊町）

秀宗と清兵衛の歌を一首ずつ挙げておく。

　里びたる賤が住家と見ゆるかなうち靡きぬる竹のひとむら

　山里はきのふの秋の色もなくしぐれもよほす空ぞさびしき

山家事件と文学・映画など

山家事件は江戸中期以降、口承・口碑《こうひ》によって実録・浄瑠璃・歌舞伎などに、史実とはかけ離れた怨霊譚、霊験記、復讐譚として創作された。

明治六年（一八七三）に大坂で初演された勝能進《かつのうしん》・勝諺蔵《げんぞう》合作の「君臣船浪宇和島《きみはふねなみのうわじま》――宇和島騒動――」は、創作としては最大規模で、大正期まではしばしば上演されたようだが、昭和五十二年（一九七七）四月、市川猿之助によって「猿之助十八番の内　君臣船浪宇和島」として明治座（東京）で復活初演された。猿之助は和霊神社に参詣し、興行の無事を祈願した。大阪、名古屋でも上演され、平成十二年（二〇〇〇）には歌舞伎座（東京）の七月興行で再演されている。

ほかに、山家清兵衛事件に関連する主な文芸作品として、末広鉄腸『南海の激浪』（明治二十五年）、柳田国男『人を神に祀る風習』（大正十五年）、石川淳『山家清兵衛』（昭和五十二年『江戸文學掌記』所収）がある。

映画には、①『宇和島騒動』（大正三年二月）小林商会、監督・主演不明、②『宇

和霊大祭のクライマックス「走り込み」

浮世絵「君臣船浪宇わしま」（早稲田大学演劇博物館蔵）

和島騒動』（大正四年十一月）日活、監督・小林弥六、主演・尾上松之助、③『怪談波の宇和島』（大正十年八月十八日）帝国キネマ演芸、監督・中川紫郎、出演・嵐璃徳・浅尾奥山・坂東豊昇・嵐笑三・実川延松・尾上松次郎、④『南海の激浪』（昭和七年、原作は末広鉄腸、その他不明）がある。

その後の政宗と秀宗

勘当が解けてからの政宗・秀宗父子は、和歌で交歓するなど、平穏な関係が続いたようで、この頃、「唐物小茄子茶入」と秘蔵の伽羅《きゃら》の名香「柴舟《しばふね》」が父から子へ贈られる。書状には、

「（秀宗の）所望する茶入は方々に遣ってしまった。この小茄子を遣わす。秘蔵のしば舟一包は、いまどきこれほどのものはない。恐々謹言

なお、茶唐物は山井のほかはたいしたこともない円壺しかない。かしく」

とある。

政宗から贈られた唐物小茄子茶入、柴舟の香木、ほかに茶壺の銘冬寒《とうかん》、銘仙《せん》ケ洞《どう》、いずれも宇和島伊達家の家宝として秘蔵され、宇和島市立伊達博物館の企画展・特別展などでみることができる。

政宗自慢の香木「柴舟」は仙台の忠宗にも分け与えられた。「約束した伽羅を

政宗の書状。「柴舟」と茶入を遣わす旨が記されている（宇和島伊達文化保存会蔵）

遣わす。これは稀なる逸品である。（そなたは）人が好いので気易く他人に分けたりしないよう」という書状が残っているが、香木は仙台伊達家には現存しない。

寛永十二年（一六三五）正月、政宗は将軍家光にも柴舟の一部を切り取って献上し、直筆の礼状が届いている。

この伽羅は、政宗が寛永三年九月、細川家から高値で譲り受けたといわれる（仙台藩『治家記録』）。柴舟という銘は政宗によるもので、謡曲「兼平《かねひら》」の「憂きを身に積む柴舟や焚かぬさきより焦がるらむ」から採られた。焚かぬ前から匂う、それほどの名木であるとの意味が込められている。

本来、香木は「一木一銘」であるが、この伽羅は「一木三銘」「一木四銘」ともいわれる。

伊達政宗、細川忠興、小堀遠州が分割し、忠興は「白菊」、遠州は「初音《はつね》」、献上された禁中（後水尾天皇）は「蘭《ふじばかま》」と命名し、「一木三銘」といわれる。

一説には、伽羅争奪戦は寛永元年で、加賀前田家もからんでいたといい、献上された部分が禁中所持の「蘭」、最上部が前田家所持の「初音」、中段が細川家の「白菊」、下段が伊達家の「柴舟」、これをもって「一木四銘」という。

森鷗外が大正元年（一九一二）に発表した「興津弥五右衛門の遺書」は、細川家と伊達家の伽羅争奪戦を描いた短篇である。弥五右衛門の忠節により細川家は首尾よく元木を手に入れ、伊達家は末木を仙台に持ち帰った、という話になって

「唐物小茄子茶入」
（宇和島伊達文化保存会蔵）

茶壷「冬寒」
（宇和島伊達文化保存会蔵）

茶壷「仙ケ洞」
（宇和島伊達文化保存会蔵）

いる。

家康、秀忠、家光の三代に仕えた伊達政宗は、外様大名では別格に扱われ、将軍家光にたびたび招かれて茶を賜ったり、酒宴にあずかった。晩年、政宗が病臥すると、家光は医師団を派遣するばかりか、土井利勝、酒井忠勝、柳生宗矩らを伴って自ら見舞っている。

重体で気息奄々《きそくえんえん》の政宗は、利勝、忠勝、宗矩に支えられ、御成之間《おなりのま》で家光に対面した。このとき秀宗は、ためらうことなく上座に着座する。将軍家光の前で、宇和島十万石藩主秀宗は、仙台六十二万石藩主忠宗の風上に立ち、政宗の長子であることを示したのである。

寛永十三年五月二十四日、伊達政宗は外桜田の屋敷で七十年の生涯を閉じた。六月二十三日、仙台の覚範寺において政宗葬儀が営まれ、伊達秀宗と二男宗時父子が参列した。総御牽馬《そうおひきうま》★一一匹の一番が宇和島侍従秀宗（政宗長男）、二番が伊達宗泰（政宗四男）、三番が伊達左京亮宗時（政宗孫）、四番が伊達宗實《むねざね》（政宗九男）、五番が伊達兵部宗勝（政宗一〇男）である。

秀宗が仙台を訪れたのは、この一度だけである。江戸から仙台までは七日を要した。広大な仙台の地に初めて足を踏み入れ、秀宗は何を思ったであろう。豊臣の世が続けば、自分はこの地に君臨したのだ、と思ったかもしれない。

なお、この翌年と翌々年、幕命によって宇和島藩は島原の乱に派兵している。

▼総御牽馬
葬列の騎馬。

香木「柴舟」
（宇和島伊達文化保存会蔵）

これも宇和島

板島殿の伊勢参宮

西園寺公広《きんひろ》の兄弟とされる板島殿こと西園寺宣久《のぶひさ》は、天正四年（一五七六）――推定――の六月から八月にかけて、伊勢神宮へ参拝旅行に出かけ、和歌や句を含む道中記を書いている。おりしも織田信長軍が石山本願寺攻めをしている頃で、歌や句を詠みながらお伊勢参りをする戦国の武将というのも、何か不思議な気がする。

塩飽《しわく》を出航して下津井あたりで豪雨に見舞われると、「菅丞相《しょうじょう》が（大宰府に左遷された時）一夜にして白髪となった故事が想い出された」と記し、

雨はふり船は狭くて短か夜をあかしかねたる波の上かな

と詠んでいる。菅丞相は菅原道真。

また、鞆の浦で芸州警固（海賊衆）の五〇艘の船団に遭遇したとの記述がある。これは、織田信長に包囲されていた石山本願寺を救援するため、毛利輝元が派遣した兵糧の輸送船団である。

播磨では小寺官兵衛（黒田官兵衛、如水）に船旅の便宜を図ってもらうなどしている。西園寺氏は伊予国守護の河野通直と同盟関係にあり、河野通直の妻は毛利輝元の姪であることから、板島殿の瀬戸内海の船旅は毛利氏によって安全が保障されていた。

ちなみに、この年の七月十三日、毛利水軍（伊予今治沖の能島村上水軍を含む）が、木津川沖で織田水軍（伊勢の九鬼水軍が主力）と交戦（第一次木津川合戦）した結果、毛利側が大勝利をおさめる。このような血で血を洗う戦闘をよそに、板島殿が吟行めいた伊勢神宮参拝をしているのは、四国の僻遠の小領主だからであるとしても、なかなか実感がわかない。

鳰《にお》の海のほとりを行けばくるる日に山田やば瀬の舟よばふ声

宣久の紀行文は「伊勢参宮海陸の記」と仮称されている。天和元年（一六八一）、宇和島藩二代藩主伊達宗利と三代宗贇《むねよし》に仕えた井関又右衛門盛英が、幕府巡見使の巡察にあたり、郡誌を編纂して献本した。これを『宇和旧記』といい、「海陸の記」はこの中に収録されている。「口は切れて鞆より有り」とあるように、板島を出発して鞆《とも》の浦到着までの冒頭部分が欠落しているが、戦国の世相や旅先の様子を活写しているだけでなく、四国の片隅の戦国武将の、教養や文才の一端を窺わせ、まことに興味深い。

西園寺宣久は、天正八年五月十八日、若年で死去（行年不明）した。宇和島の南部一帯が長宗我部軍の猛攻に蹂躙された年である。この時、板島殿が長宗我部軍を迎撃したという記録は見当たらないが、伝えられる辞世は、

朝な夕な何に心を尽してやいたづら事にけふとこそなれ

というもので、戦国の世ともなれば、板島殿なりの辛苦があったのであろう。宇和島市内宮下の眞正山来應寺の門前に高さ一六〇センチの宝篋印塔《ほうきょういんとう》がある。法名の後西園寺殿永桃宗大居士から「後西園寺様」として住民に信仰されている。

宇和島さんさ

仙台地方の民謡「さんさ時雨」は全国的に有名である。宮城県では婚礼には欠かせないという。

さんさ時雨か萱野の雨か
音もせで来て濡れかかる
ショウガイナ

摺上原《すりあげはら》の合戦の勝利を祝して政宗が即興でつくったという説がある。「さんさ時雨」と酷似したものが、宮城県大崎市（旧・岩出山町）と、北海道石狩郡当別町でも歌われている。いずれも伊達家ゆかりの市・町である。

摺上原合戦起源説がある一方、室町時代から全国的に歌われていたものが奥州に残った、大坂の陣以降に仙台に流行った、京坂地方で歌われていたものが仙台に伝えられた、武士は歌わなかった、といった諸説がある。

さんさ時雨の流行は享保十五年（一七三〇）頃からである、という文献も近年発見され、起源はまったく定説をみない。

祝いの席で歌われることはないが、宇和島には「宇和島さんさ」がある。

竹に雀の仙台様も　ションガイナ
今じゃ此方《こなた》と　エエ諸共《もろとも》によ
しかと誓いし宇和島武士は
ションガイナ
死ぬも生きるも　エエ諸共によ
君は小鼓《こつづみ》身どもが謡い
ションガイナ
締めつ緩めつ　エエ諸共によ

村候の本末の争いによって江戸で仙台・宇和島両藩の仲が険悪となっていた頃、両方の藩士が同席する機会があった。仙台藩士が、「宇和島にはこんな歌はあるまい」と自慢げにさんさ時雨を歌った。

この時、お庭番の吉田万助という者が、「いや、宇和島にもある」といって即興で歌ったのが「宇和島さんさ」の始まりであるという。万助が歌ったので「万助節」ともいい、歌詞の一節をとって「もろとも節」ともいわれる。

その後、宇和島藩では士気を鼓舞するための歌として伝えられ、安政二年（一八五五）、小笠原新田が地震で流失した時は、復旧作業の労働歌としても歌われたという。

以上は、宇和島の郷土史家吉田繁（故人）の提唱した説。吉田万助の末裔を名乗る吉田繁氏の説なので、史実かどうかはあやしいが、なかなか面白い話ではある。

仙台のさんさ時雨は歌詞は古風で素朴、旋律は複雑微妙だが、「宇和島さんさ」は近代風の歌詞であり、曲調は歌謡曲風で、寛延年間の作曲とは思えない。昭和二十九年（一九五四）、宇和島の北陽（遊郭）の「玉川」に三味線のうまい芸妓《げいぎ》がいて、客に弾き語りで聞かせたのが、現在歌われている「宇和島さんさ」である。

仙台の「正調　さんさ時雨」も、広瀬川河畔の五軒茶屋の一軒「対橋楼」（四代藩主綱村が命名）の名妓が明治時代に歌ったものという。というわけで、いずれも曲（旋律）の起源ははっきりしている。

第三章　二代藩主伊達宗利の時代

弟への三万石分知、仙台伊達騒動、山家清兵衛の祟り、二代宗利は苦悩する。

① 秀宗から宗利へ

秀宗長男宗實は病弱、二男宗時が政務を代行し、三男宗利に藩主の座を譲ることに。
秀宗は五男宗純に三万石を分知、宗利は抵抗するが、伊達兵部が介入、御家騒動に。
家老桑折氏の養子となった四男宗臣は、山中に庵を結び、ひたすら文芸の道に励む。

宗實と宗時

島原の乱が始まった寛永十四年（一六三七）、秀宗はいわゆる中風となった。そこで、二男の宗時二十四歳が、寛永十五年、宇和島に帰国し、「太守」「殿様」として政務を代行した。秀宗長男の宗實《むねざね》は存命であるが、生来病弱のため、宗時が世嗣《せいし》となっていた。以後、宗時が藩政を切り盛りし、『大武鑑《だいぶかん》』など、宗時を二代藩主としている史料もある。この年、十一月十一日、天守の鬼門《きもん》にあたる丘の上に臨海山龍光院を建立し、文殊菩薩を安置して密教による伊達家祈願所とした。

正保元年（一六四四）、宗實が三十三歳で病没した。

宗實の事績は知られていないが、『源氏物語』の筆写豆本を遺している。『源氏物語』五四帖を五四冊に書き写したもので、宗實の死後は弟の二代藩主宗利《むねとし》夫人稲姫《いねひめ》によって書き継がれた。稲姫は越後高田二十八万石藩主松平光長《みつなが》の女《むすめ》である。光長は将軍秀忠の孫にあたるが、越後騒動で改易となる。

この『源氏物語豆本』は、紙面約四センチ角、文字はルーペでようやく判読できる程度。黒塗蒔絵の箱に納められている。宇和島伊達家に伝わる数多い逸品のうちの一つであり、国文学史上の貴重な資料でもある。極小のかな文字が丁寧に書かれており、気の遠くなるような作業が窺われる。用いられた筆の毛は鼠の髭で、かつて琵琶湖周辺の一定地域に棲息していた鼠のものであるという。大名家の子女の高度な能力を示す一例である。

正保三年（一六四六）、一宮神社の造営に着手、同四年、来村《くのむら》に並松《なんまつ》（松並木）を植樹。岡谷兵右衛門、檜垣助三郎が領内を検地した。

この検地をもとに、定免制《じょうめんせい》（年貢率の固定化）を採用した。定免制とは作柄による変動税率を固定税率とするもので、余剰生産分は農民に残る仕組みであるが、不作の年の農民の負担は過重となった。

藩士の給与についても、宗時は従来の給地制《きゅうちせい》（地方知行制《じかたちぎょうせい》）から蔵米制（米の現物支給）とした。その理由として、「給地は凶年に際しては減収して家臣が難渋することから、作毛の豊凶を問わず知行村方からの現米をもって給することとした」と『北宇和郡誌』にある。

この頃から諸藩の多くが蔵米制に移行している。固定給である蔵米制は、実際

『源氏物語豆本』
（宇和島伊達文化保存会蔵）

は減俸であり、反発する動きも多かった。

慶安二年（一六四九）二月五日、大地震があり、追手見附《おうてみつけ》の大石《おおいし》が抜け、同所西方の石垣が崩れた。同三年、中風で長患いとなっていた秀宗が療養を許されて帰国した。この年、船山文六が枡形より来村までの捨て石作業に従事。尾川孫右衛門が追手ほか城の廻りの修復工事にあたった。この頃、隣国土佐藩による国境争いが始まり、宗時はしだいに健康を害したようである。

二年後の承応元年（一六五二）、秀宗の三男の兵助が、仙台藩主忠宗を烏帽子親★に元服し、宗利と名乗った。宗利は、秀宗側室浅井《あざい》氏の女《むすめ》於小奈の子である。於小奈は淀の方の姪とされるが、淀殿の妹の初、江の子ではなく、浅井長政側室の女と考えられる。死期を悟った宗時は、十九歳年下の宗利に世嗣の座を譲る。

秀宗と家老桑折氏

承応二年（一六五三）、宗時が三十九歳で没し、二十歳の宗利は正式に世嗣となった。秀宗はまだ存命であるが、逝去もしくは隠居すれば宗利は宇和島二代藩主となる。

ところで、秀宗の創業時、桑折《こおり》家は破格の七千石で、名実ともに宇和島藩の筆頭家老であったが、元和九年（一六二三）、仙台でキリシタン弾圧が行われた年、

▼烏帽子親
武家の男子が元服する時、烏帽子をかぶせ、烏帽子名をつける者。

於小奈（法池院殿）の墓所（霊亀山大超寺）

桑折左衛門景頼は隠居を命じられた。このことから、桑折景頼はキリシタンではなかったかともいわれる。

寛永十二年（一六三五）、予土国境の河原渕《かわらぶち》領（現・松野地区）の城代であった景頼の嫡男宗頼は千石に減俸された上、宇和島城下に戻った。七分の一という大減俸で、宗頼に何か失政があったのではないかと勘繰りたくなるが、もともと十万石の伊達家に七千石の家臣がいることに無理があり、藩の経営上、減俸は必然の処置ともいえる。山家事件による改易騒動で事態収拾に奔走した左衛門宗頼であるが、不運の晩年というべきかもしれない。

桑折宗臣《むねしげ》は寛永十一年（一六三四）、秀宗の四男として江戸に生まれた。三男宗利は同い歳、五男宗純は二歳年少である。伊達宗臣は、七歳の時に桑折宗頼の養子となった。

文武両道に秀でていた宗臣は、承応元年（一六五二）、十九歳で桑折家当主となり、城代家老（国家老）として晩年の秀宗と、宗時、宗利に仕えた。弟の宗純が吉田藩を分知された時は、「自分は千石の家老職なのに、弟は三万石の大名か」と、複雑な感情があったかもしれない。

桑折宗臣は寛文四年（一六六四／三十一歳の頃）、城山の南の来村《くのむら》河内谷に山荘「青松軒」を結ぶ。この庵は、宇和島市郊外の薬師谷、自然美溢れる渓谷の奥の山中に結ばれた（篠崎充男氏の推定）という。

薬師谷渓谷。この奥の山中に青松軒があったといわれる
「ふみ分けて問ふ人もなき山里はなかなか雪を友とこそ見れ」
（宗臣が山荘の生活を詠んだ一首）

青松軒宗臣は、和歌・連歌《れんが》・俳諧など、五十三歳で没するまで文芸三昧の日々を送った。

宗臣は俳諧の万葉集ともいうべき『大海集』を私撰し、刊行している。自序に、「世間にもてはやされている句集は数々あるが、管見に及ぶところ六十余部、十五、六万句に過ぎない」と謙遜している。その中から五〇二五句を撰んでおり、作者数八三二人、国数三九カ国。八三二人のうち一五六人が宇和島領内なのは、生涯のほとんどを宇和島で過ごした宗臣としてはやむを得ないところである。

大海に塵をも撰ぶ海鼠かな

と「雑冬」の部に自作を入れ、自分を海鼠《なまこ》に見立て、俳諧の大海にあって宇和島の海鼠が塵のような句まで撰んでいる、と韜晦《とうかい》している。

実際、『大海集』は文学性を第一義とせず、座頭★、女性、こどもの句まで収録している。こどもの句は二三人、六二句。三句を紹介する。

宗臣の子宗弥（梅松丸）七歳

花がめの口紅がさす赤つつじ

妹の追善句として伊藤氏の花子　十三歳

てまり花やおさなき人の手向草

小波氏の友弥丸　七歳

草花は胡蝶の遊び道具かな

桑折宗臣の墓（龍華山等覚寺）

▼座頭
江戸時代の盲人の階級の一つ。

宗臣には『大海集』のほかにも和歌・連歌・俳諧に関する編著が多数あるが、惜しいことに原本は散佚《さんいつ》し、部分的な写本三巻があるばかりだが、藩の行事、「文宝日記」とよばれる日記を書き残している。

連歌興行、石風呂入浴、鹿狩り、海岸部・島嶼部《とうしょぶ》への小旅行、船遊び、潮干狩り、釣り、馬の瀉血《しゃけつ》★、妻の出産、寺社参詣、大雨被災、殿様帰国お迎え、江戸出勤、道頓堀★での出羽浄瑠璃観賞、木挽町★での山村座狂言観賞、江戸城出仕、三人の子の疱瘡罹病《ほうそうりびょう》、息女の祝言、息女の病気と平癒祈禱など、地方大名家の家老の日常が淡々と綴られている。

寛文八年五月二十九日の記述に、

「梅松立っての願ひこれ有るニ付き、三間郷 則《すなわち》 村佛木寺へ参詣仕るなり」

とある。

この時梅松丸は三歳、可愛い盛りだが、たっての願いとはどのような願いだったのだろう。現在、四国霊場第四十二番札所として遍路巡礼でにぎわう佛木寺であるが、宇和島市役所から車で十数分、徒歩だと二、三時間、当時はどうであったか。梅松丸の祈願のため、三間街道を急ぐ編笠・野袴《のばかま》姿の宗臣が目に浮かぶ。

延宝八年極月★二十六日の記述が興味深い。

「殿様が一昨夜、小用をあそばされようとして、御ころびなされ、御足を蹶《つまず》きなされ、御膝の皿が腫れあがった。昨日の朝から、お立ちになることもできない

▼**馬の瀉血**
病いの治療のため、血液を抜くこと。

▼**道頓堀**
大坂の町の名。

▼**木挽町**
江戸の町の名。

▼**極月**
十二月。

ので雪庵が内服薬、村尾慶与が外用薬で治療したが、今日になっても病状が変わらないので、ご機嫌伺いに罷り出た。（息子の）主計《かずえ》を帯同したが、老中（家老ら）はむろん、組頭衆も罷り出ていた。殿様は病臥されており、（面会できず）帰宅した」

宗臣は毎日、お見舞いに参上するが、宗利の容態はいっこうに好転せず、正月三日、恒例の御野始《おのはじめ》★も不例（不参加）。……するうちに、宗臣は歯痛により息子の主計がお屋敷に参上することに。歯痛ますますひどく、家老の桜田監物、神尾外記、婿の鈴木仲右衛門などが見舞いに来る。

花餅一重、鯨餅一重、小饅頭一重の三重の杉折に、伊勢海老三、鮑《あわび》七を添えて殿様に献上すると、さっそくお礼と見舞いの使者が来る、といったぐあいで、主従の関係は濃密である。十九日になると、今日からは毎日の見舞いは無用、隔日でよいとのこと。宗臣の歯痛もしだいに快方に向かう。

宗利四十六歳、夜、小用に立って転倒し、膝蓋骨《しつがいこつ》を打撲・損傷した。酔っていたとみるべきで、一カ月近く病臥するほどだから、ぶざまといえばぶざま。祖父政宗は酒には弱かったが、父秀宗は中風になったほどで、父子二代にわたって大量飲酒家であったとも想像される。飲まずにはいられない、というのが宗利の殿様生活であったかもしれない。

なお、桑折宗臣の辞世として、

▼**御野始**　正月三日の恒例行事。武装した全藩士の隊伍を藩主が閲兵し、鷹狩りをした。午後、祝儀の強飯（赤飯）と温酒が振る舞われた。

「野始絵巻」（下の馬上は七代藩主宗紀）
（宇和島伊達文化保存会蔵）

月の入る山のあなたは雲はれて心にかかるくまもなきかな

が伝えられている。

宗利襲封とお墨付き

話を戻すが、宗時が三十九歳で没した翌年の承応三年、大坂屋仁左衛門が大浦の新田開発を始めた。以後、藩だけでなく商人資本による新田開発が進められる。

このような中、思いがけぬ事態が発生する。五男宗純《むねずみ》が秀宗の分知状なるものを持ち出したのである。「宗利に家督を譲る。但し、宗純に三万石を分知すること」という内容で、この「三万石のお墨付き」をめぐって、宇和島藩は山家《やんべ》事件以来の大騒動となった。

当時、大名家では世嗣が確定すれば弟たちは養子に出るか、新たに知行を与えられて家臣となるのが通例であった。実際、秀宗の四男宗臣《むねしげ》は家老桑折家に養子に入り、七男の宗織《むねもと》は千石取り、九男の宗則は五百石取りの家臣となっている。

当初、五男宗純には三千石を与え、宮崎八郎兵衛ほか重職数名を家来につける、ということで話がついていた。これを宗時、宗利も納得していたが、三万石分割は宗利にとって寝耳に水である。

宗純は秀宗の側室吉井の方（於《お》たつ）の子で、宗利より二歳年少。この吉井の方（宇和島妻）は小早川隆景の血筋にあたり、秀宗に寵愛された。於たつの子の小次郎（宗純）も秀宗に溺愛され、そのためか性質は驕慢《きょうまん》であったという。

三万石分知は、宮崎八郎兵衛ほかが、秀宗の意を受けて、あるいは秀宗の意を幸いに、宗純を大名にしたいとの野心をもったと考えられる。宗純も父の溺愛をよいことに、異例の厚遇を望んだようである。

宗利としたら、弟の宗純に三万石などもってのほかで、仙台藩主伊達忠宗と秀宗夫人の実家である彦根藩主井伊直孝に、こう訴えた。

「父はかねてより長患いで身体不随、公儀への書状すら印判《いんばん》を用いていましたのに、一家の私事に自筆自判とは不審にたえません。また、この遺言状は真筆と思えません。もし父に三万石分知の意図があれば、不自由な身体に無理することなく、拙者に直接申し聞かせるはずです。したがって宗純に三万石を与える考えはありません」

一方、宗純（と宮崎ら）も忠宗や井伊直孝にとりすがった。

ここに仙台一関《いちのせき》領主伊達兵部少輔《ひょうぶしょうゆう》宗勝が介入する。

伊達兵部は政宗の一〇男、秀宗の末弟である。幼少より頭脳明晰、このとき三十代半ばの智慧盛りで、仙台藩きっての実力者だった。宮崎八郎兵衛は宗純に三万石を継がせたい一心で、伊達兵部に斡旋を依頼した。「お墨付き」は兵部の策謀ともいう。

寛文事件のところでもふれるが、兵部宗勝はかねて一関領一万石が不満で、仙台伊達家を分裂させ、自ら大大名になろうと企てたといわれる。寛文事件では幕府老中酒井雅楽頭《うたのかみ》も関与してくる。幕府は外様大名の弱体化につながる分知・分藩を奨励していたので、雅楽頭と兵部とは利害が一致する。兵部は大大名になる野心から幕閣の実力者酒井雅楽頭に接近したという。しかし、これを証明する史料はない。

司馬遼太郎は『街道』の中で、「分知して支藩（分家）を創設するのはこの当時諸藩で流行っていたから、宇和島藩もそれにならったのであろう。宗家の血統が絶えたときに分家から入って相続★するという便宜のためで、他にさほどの理由はない」と書いている。

支藩の創設がこの頃の流行《はや》りなのであれば、秀宗の冷静な政策上の判断ということになり、「吉井の方を寵愛した秀宗が吉井の方との間にできた宗純を溺愛したあまり」というのも嘘っぽく、「三万石お墨付き」騒動も茶番劇めいてくる。

ともあれ、井伊直孝が「彼ら（伊達兵部ら）にかかってはそなたの負けである」と諭したので、宗利は分知をしぶしぶ認めた。

吉田藩領の主要部分は肥沃な穀倉地域であり、秀宗の意向か兵部の斡旋か定かではないが、宗純への優遇ぶりが窺われる。しかも、飛び地を有しており、宇和島藩領との境界は複雑であり、領地の帰属をめぐって争いが絶えなかった。吉田

▼相続
仙台藩から養嗣子を迎えた例（三代宗贇）があるが、宇和島藩は分家吉田藩から養子を迎えたことはない。吉田藩は宇和島藩から迎えている。

藩分知にあたって、宗利は高禄の家臣を宗純に押しつけ、寛文六年（一六六六）には、「故《ゆえ》あって」弟の民部宗則（秀宗九男、御一門五百石）を勘当し、吉田に追放している。宗利、宗純の反目は長く続いた。

宗利の述懐歌に、

おろかなる心をぞ思ふとにかくに世にしたがひて世には住めども

というものがある。鬱懐《うっかい》がにじんでいるようにも読める。なお、宗利は祖父政宗、父秀宗に似て和歌に巧みであった。

明暦三年（一六五七）七月二十一日、秀宗が隠居し、宗利が宇和島藩七万石の二代藩主となり、八月十六日、宗純が吉田藩三万石の初代藩主となった。

翌る万治《まんじ》元年（一六五八）六月八日、秀宗は江戸藩邸で亡くなり、宮崎八郎兵衛は翌九日、江戸で殉死した。同じ日、高島太郎衛門が江戸で、神尾勘解由が十八日に宇和島で、渡辺藤左衛門が二十三日に宇和島で、それぞれ殉死した。幕府の殉死禁止令★の五年前である。

秀宗と殉死者は宇和島市野川の龍華山等覚寺に葬られた。秀宗の戒名、等覚寺殿前遠州大守拾遺義山常信大居士から「等覚」の二字を寺号として龍華山等覚寺という。没後、秀宗は義山公とよばれた。

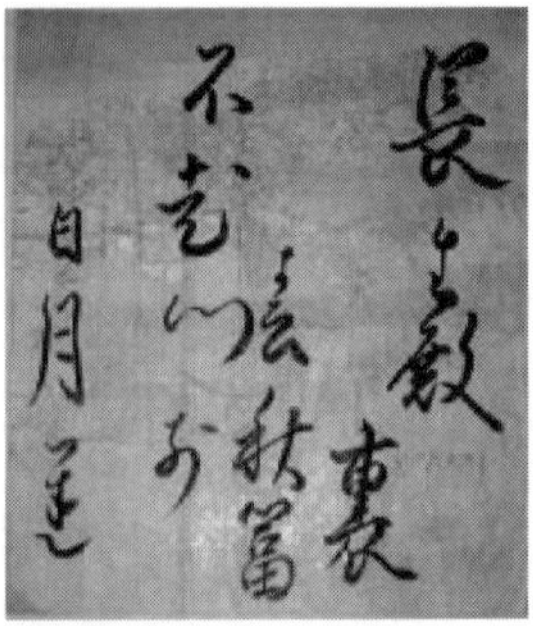

宗利の色紙
（宇和島伊達文化保存会蔵）

▼殉死禁止令
寛文三年（一六六三）、幕府は殉死を禁止し、天和三年（一六八三）、殉死の禁止が「武家諸法度」に明文化された。

宗利の治世

三十六年間に及ぶ「世にしたがひて世に住む」宗利の治世は、秀宗、宗時の政治を踏襲し、諸制度の整備充実を図り、後世の規範となった。

明暦三年（一六五七）七月二十一日、伊達家を襲封。万治元年（一六五八）四月二十七日、松平光長の女《むすめ》稲姫と結婚。翌二年、江戸城奥対面所の普請を命じられる。同年、鈴木忠右衛門、古谷九太夫が宇和島城の普請にあたった。数年来の懸案であった土佐藩との沖の島・姫島境界争い、篠山《ささやま》境界争いが幕府の裁定によってようやく解決した。同三年六月十八日、落雷によって天守が破損した。

寛文三年（一六六三）、夏から日照りが続き、五〇〇〇俵を損失した。城内に山王社を建てて遷宮し、別当を神宮寺とした。山王社はのちに鶴島神社となり、近代になって護国神社とされた。寛文四年、松根市郎右衛門を奉行に、古谷九太夫を添《そえ》奉行に本格的な城普請が始まり、寛文十一年にようやく竣工した。

同五年、吉田藩との目黒山境界争いが解決した。同十年、内扴《うちならし》検地を始めた。同十一年、仙台藩に騒動があり、事件関係者の横山弥次右衛門、今村善太夫を預かった。搦手門の板橋が完成。同十三年、検地が終わり、鬮持《くじもち》制に改めた。

延宝元年（一六七三）、五月十四日と十八日に洪水。同二年、佐伯町大火。須賀

秀宗と忠臣の墓（龍華山等覚寺）

川下新田の開発を始めた。天和元年（一六八一）、天災が続き、領民が困窮したので、米三万石を放出し、三〇〇〇俵を免じた。この年、大浦新田を築き始めた。

貞享四年（一六八七）、衣服・食事を粗末にするよう命じた。元禄元年（一六八八）、藩財政いよいよ困窮し、五カ年計画をたてた。同二年五月七日、大洪水があり、損害七六九〇俵。領内の紙問屋を公儀問屋とした。九月一日、一般に向けて倹約令を出した。

元禄六年十一月十四日、致仕《ちし》して宗贇《むねよし》に封を譲る。宝永五年（一七〇八）十二月二十一日、宇和島で死去した。宗利は民を慈しみ、領内巡視の際も農民の平伏を禁じ、一片の薪、一飯の食にも代価を払ったという。

二代伊達宗利

生年：寛永十一年十二月十八日（一六三五年二月五日）
没年：宝永五年十二月二十一日（一七〇八年一月三十一日）
実父：伊達秀宗
生母：秀宗側室浅井氏の女《むすめ》於小奈
正室：越後高田初代藩主松平光長の女稲子

宗利の墓。歴代藩主の中でも最も小さい（龍華山等覚寺）

「山形模型」「鬮持制」「山田騒動」

伊予と土佐の国境（予土国境）に松野町があり、「目黒山形《めぐろやまがた》模型」という木製の大きな模型が大切に保存されている。組み立てると、畳三畳ほどの広さに山岳、渓谷、河川が出現する。山は暗緑色に着色され、境界線は朱で線引きされている。吉田藩領の目黒村と宇和島藩領の次郎丸村が目黒山の国境をめぐって争った際、裁定に入った幕府への説明資料として作られたものである。

争いは万治元年（一六五八）に始まった。吉田藩分知によって目黒村は吉田藩領の飛び地となっていたが、隣接する次郎丸村の杣人《そまびと》が目黒村の樹木を伐採した。これを目黒村の庄屋が取り押さえたのが発端である。

以後、目黒村と次郎丸村は吉田・宇和島両藩を後ろ盾にして激しく抗争し、寛文四年（一六六四）、ついに目黒村が幕府に出訴した。幕命により両村は係争地の絵図を作製したが、図面では埒《らち》があかず、幕府はより精密な模型を製作するよう命じた。両藩は起請文《きしょうもん》を交わし、絵図と模型を厳正に作製した。

模型は銀杏の木を用い、江戸への運搬の便宜上、六個の部分に分け、ダボ接ぎで連結する仕組みとした。「町見《ちょうけん》（町間）」とよばれた民間の測量技術者の測量を反映したもので、縮尺は五九〇〇分の一、その精度はきわめて高い。

幕府は模型と絵図を参照し、新たな境を絵図に書き入れ、裏面に判決文を記した。次郎丸村の敗けであったが、幕府寺社奉行が認定した境界を、宇和島藩も納得した。宗純は目黒村庄屋に感状と褒美を与えた。

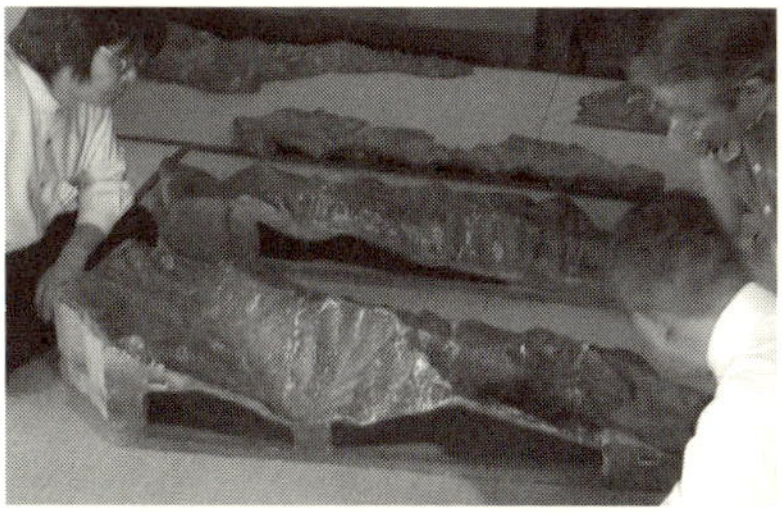

目黒山形模型（左は組み立て前）
（松野町教育委員会蔵）

なお、この紛争にも伊達兵部が吉田藩に肩入れしたという。

寛文六年に大洪水があり、田畑が流出し、農村経済、藩財政に深刻な打撃を受けた。藩は墾田の拡張、隠田《かくしだ》の摘発、間竿《けんざお》の改定によって経済再生を図ることとした。寛文十年から十三年にかけての内圿《うちならし》検地の検地奉行は八十島治右衛門《やそじまじえもん》親隆《ちかたか》、家禄二百石、家中きっての能吏であった。

太閤検地一間六尺五寸竿、正保検地一間六尺三寸竿だったのを、八十島は六尺竿で丈量《じょうりょう》した。実質三寸分の増税★であり、一揆を誘発したが、八十島は粛々と検地を実行した。

中国・四国地方を中心に割地《わりち》制という土地制度があり、伊予八藩★のうち、松山、今治、宇和島、吉田の四藩がこの制度を行っていた。割地制を宇和島藩では「鬮《くじ》持《もち》制」といい、寛文の検地を経て、この制度に移行した。

田畑を面積と肥瘦《ひそう》の等級によって区分し、組み合わせることで平準化し、村内の戸数分をつくる。これを一鬮といい、抽選によって百姓に配分するというものである。

一鬮《ひとくじ》を与えられた農民を本百姓、半鬮を半百姓、四分の一鬮を四半《しはん》百姓、わずかしか持たないか、持たない者は無縁（水呑み）と称した。これによって農民階層が明確となり、貢租体系が確立した。

耕地の生産力の均等化と百姓の負担の公平化という狙いもあるが、自然災害な

▼増税
六尺三寸竿の一間は約一・九一メートル。六尺竿では約一・八二メートル。一間×一間＝一歩（坪）の面積は六尺三寸竿で約三・六平方メートル、六尺竿で約三・三平方メートル。一歩あたりの課税率は変わらないので、実質一〇パーセントの増税となる。

▼伊予八藩
上記四藩のほか、西条藩、小松藩、大洲藩、新谷藩。

どで鬮の生産力に変化が生じるため、数年に一度は鬮地の割替えをした。

鬮持制の導入によって村制機構も確立した。本途物成《ほんとものなり》（租税）は納めなければならないが、雑税は免除される無役《むやく》地というものが、庄屋に付与され、庄屋は無役地を百姓に耕作させることができた。また、百姓からは三升米豆《べいず》（農村では米三升、漁村では大豆三升）を徴集できた。

宇和島藩の庄屋・組頭・横目の村方三役は特権を与えられ、組頭にも無役地が与えられ、横目にも畑が給された。これが後年、村方騒動を起こす原因にもなった。宇和島藩の鬮持制は以後七十年間、寛保三年まで続いた。


吉田領深田村に評判のよい医者がいた。土佐藩浪人の山田仲左衛門という者で、宗純の病気を平癒させたことから召し抱えられた。仲左衛門は文武にすぐれていたので、宗純は大いに重用した。

ところが、しだいに山田が藩政を牛耳るようになったので、御小人組の軽輩八人が暗殺を計画したが、事前に露見し、八人は切腹を命じられた。天和三年（一六八三）のことで、これを「山田騒動」という。

事件の背景に、出頭人★である仲左衛門と仙台以来の譜代家臣との対立があった。仲左衛門は財政改革のために譜代の家臣を減俸し、恨みを買ったといわれる。

騒動は仙台藩に持ち込まれたが、仙台藩は事件解決に宇和島藩を介入させた。

▼出頭人
主君の寵を得て、権勢をふるっている者。

これ以後、宇和島藩は吉田藩に対して優位を確立した。山田仲左衛門は仙台に追放された。

　この事件を司馬遼太郎が短篇「重庵の転々」に描いている。

鶴島城と追手門

　宇和島城を築城したのは藤堂高虎であるが、天守も高虎がつくったと思っている宇和島市民は多い。現在の白亜の天守は宗利によって建てられたものである。創建時のまま現存する天守が全国に一二しかないことから、全国一二名城★の一つに数えられている。三層三階、初層式台の屋根の大きな唐破風《はふ》、初層屋根のこぶりな二個の千鳥破風、二層屋根のやや大きめの千鳥破風、三層屋根のこぶりな唐破風、これら五つの破風の組み合わせが絶妙である。式台（玄関）があるのも珍しく、近世様式の美が凝縮され、その優美な姿から鶴島城の別名がある。

　宗利は天守を新築するほか、城山下の海を埋め立て、浜御殿（新政庁）を造営した。

　宇和島城は天守だけでなく、城山そのものも貴重とされている。城下町の中心部（中心市街地）に九六科四五三種にも及ぶ多彩な植生が見られるのは、植物学上、きわめて珍しいという。昭和二年（一九二七）、伊達家が東京帝国大学の中井

▼一二名城
松本城・犬山城・彦根城・姫路城（以上国宝）、弘前城・丸岡城・松江城・備中松山城・丸亀城・松山城・宇和島城・高知城（以上重要文化財）。

大正期に撮影された天守

猛之進教授、林学の権威田村剛博士を招いて調査をした結果、「かくのごとく明らかに自然そのままを人為的に保護し来れる所は、古今東西、稀に見るところのものなり」（中井猛之進「鶴島城山調書」）と評された。

寛文六年（一六六六）、追手門が完成した。門扉の両側に堅牢な石垣を築き、その上に櫓を渡す構造で、櫓の桁行《けたゆ》き★一二間★、梁間《はりま》★四間というのは、二条城二の丸東大手門、高知城大手門よりやや大きく、十万石には過ぎた門といわれた。

明治以降も破却されなかった追手門は、市民に「オタモン」とよばれ、付近は追手町、追手通りとよばれた。昭和九年、国宝に指定されたが、昭和二十年七月十二日から十三日にかけての空襲で惜しくも焼失した。

昭和四十一年の町名変更によって「追手町」という町名も消滅し、「本町追手」という珍妙な町名に改変されている。最近、宇和島市教育委員会が石垣の根石を調査した結果、その特徴から藤堂高虎時代のものであることがわかった。宗利の時代に門と櫓を新築したものであろう。

追手門（時期不詳）

▼桁行き
家の桁の渡されている方向の長さ。

▼一二間
一間を六尺五寸（約一九七センチメートル）で換算すると、約二三・六メートル。

▼梁間
梁の長さ。四間は約七・九メートル。

城山の珍しい植物
マメツタ（上）、ヤブミョウガ

② 仙台伊達騒動と宇和島・吉田両藩

事件は仙台三代藩主綱宗の強制隠居から始まった。綱宗遺品が宇和島伊達家に伝来。事件後、伊達兵部は土佐、嫡男宗興は小倉に配流。宗興の妻子四人を吉田藩が預かる。兵部の腹心二名は宇和島藩にお預けとなり、宗利は幼い仙台四代藩主綱村の相談役に

伊達騒動前段、綱宗の遺品

「伊達騒動」とは、寛文年間（一六六一～七三）に発生した仙台藩の御家騒動のことで、「寛文事件」ともいわれる。この事件が一般大衆に知られるようになったのは、事件後およそ百十数年経って初演された歌舞伎「伽羅先代萩《めいぼくせんだいはぎ》」によってである。もちろん、事件の真相が知られるようになったわけではない。

明治四十二年（一九〇九）、一関藩士で鳥羽・伏見の戦いにも参戦した、大槻文彦博士の大著『大槻文彦撰　伊達騒動実録』が刊行された。史実に基づいた資料としては最初のものである。山本周五郎の長篇『樅ノ木は残った』（昭和三十二年刊）は、映画化・テレビ化も繰り返され、事件が多くの人に知られるようになった。逆臣原田甲斐が実は伊達家のために身命を捧げる忠臣であったとしているが、

錦絵に描かれた「伽羅先代萩」（早稲田大学演劇博物館蔵）

これは作者の推理に拠っており、証明する史料はない。

万治三年（一六六〇）七月十八日、仙台三代藩主綱宗は、「不作法の儀」あるをもって幕府より逼塞（強制隠居）を命じられた。十九歳で家督を継いでからわずか二年である。「不作法の儀」とは、大酒癖と遊郭（新吉原）で遊んだことらしいが、当時、大名の遊郭通いは珍しいことではなかった。

この年、綱宗の不行跡がお家の大事であるとして、伊達家の親族大名である岡山藩主池田光正（三十一万五千石）、丹後宮津藩主京極高国（七万八千石）、筑後柳川藩主立花忠茂（十万九千六百石）、陸奥一関領主伊達兵部宗勝（一万石）が額集《がくしゅう》★し、相談した。

事件の主役である伊達兵部少輔宗勝は政宗の一〇男で、兵部宗勝の継室は筑後三池《みいけ》一万石領主立花種次の女《むすめ》、二代藩主忠宗の長女が嫁した柳川藩主立花忠茂の養女にあたる。

相談の結果、幕府老中酒井雅楽頭《うたのかみ》忠清に願い出て、雅楽頭が伊達家の家老らをきつく叱り、綱宗にも意見してもらう、ということで衆議一決した。ところが、綱宗は忠清の「強意見《こわいけん》」にも耳を藉《か》さなかった。そこで、親族大名及び家老らは、七月九日、綱宗の隠居願いと実子亀千代による相続を、連署をもって幕府に願い出た。同月十八日、「無作法の儀が上聞に達したため、逼塞を命じる」との上意が綱宗に申し渡された。

▼額集
相談などのために集まること。額を寄せ合うこと。鳩首。

翌日、綱宗の吉原通いに同行していた近臣渡辺九郎左衛門、坂本八郎左衛門、畑与五右衛門、宮本又市の四人が刺客によって斬殺（成敗）された。兵部の命によるという。

宇和島藩の『御歴代事記』には、「奥州綱宗様御隠居、亀千代様御家督相済、綱宗様御近習坂本八郎左衛門、畑与五右衛門、山本弥次右衛門、渡辺十兵衛、渡辺九郎左衛門、放シ討と相成旨来る」とある。事件は宇和島藩にも伝えられたのであるが、宮本又市の名が消え、山本弥次右衛門、渡辺十兵衛が加わり、五人になっている。これについては委細不明である。

八月二十五日、老中列座の酒井忠清邸に伊達家の重臣がよばれ、綱宗隠居と亀千代相続が許可されたことが改めて伝えられ、亀千代成人までは大叔父の兵部宗勝と伯父の田村右京亮宗良が後見役となり、伊達家六十二万石からそれぞれ三万石が分封されることになった。

綱宗の処分は、綱宗が後西《ごさい》天皇の従兄弟にあたるので、向後《こうご》、綱宗が天皇家の威光を借りることにでもなれば甚だ不穏、と幕府が警戒したともいう。近年、この説は否定されている。

ともあれ、以上が寛文事件の前段となる。

綱宗は品川の大井屋敷に隠居し、以後、五十年の余生を送るが、綱宗ゆかりの品が宇和島伊達家に伝来している。

その一つは、「指面《ゆびめん》」といわれるものである。縦三センチ、横二センチの能面のミニチュアが、四段重ねの箱の中に、一箱に二五種、全部で一〇〇種納められている。用途ははっきりしないが、指に付けて遊んだ知育用の玩具ではないかと考えられる。遊びを通じて、猿楽（能）の知識を身につけたのである。箱の蓋の裏に、「従　嘉心様　貞姫様へ御譲」と書かれている。

嘉心は綱宗の号である。貞姫については諸説あるが、仙台五代藩主吉村の夫人貞子（冬姫）と思われる。では、なぜ宇和島伊達家に伝わったのか。その理由として、貞子の娘である富姫が宇和島四代藩主村年に輿入れした際の、持参品の一つではないかと考えられている。富姫には貞子から箏も譲られている。大名家では娘を輿入れさせるということは、今生の別れを意味する。自分が大切にしていたものを贈ったのである。

綱宗は諸芸に堪能で、画は狩野探幽に学び、書、蒔絵、刀剣にすぐれた作品を遺している。綱宗作の刀剣も宇和島伊達家に伝えられている。

不羈奔放な綱宗は隠居してからも非行が多く、綱宗が若い女中に無体なことをし、これを聞き及んだ水戸光圀が書状で諫めている。

「指面」
（宇和島伊達文化保存会蔵）

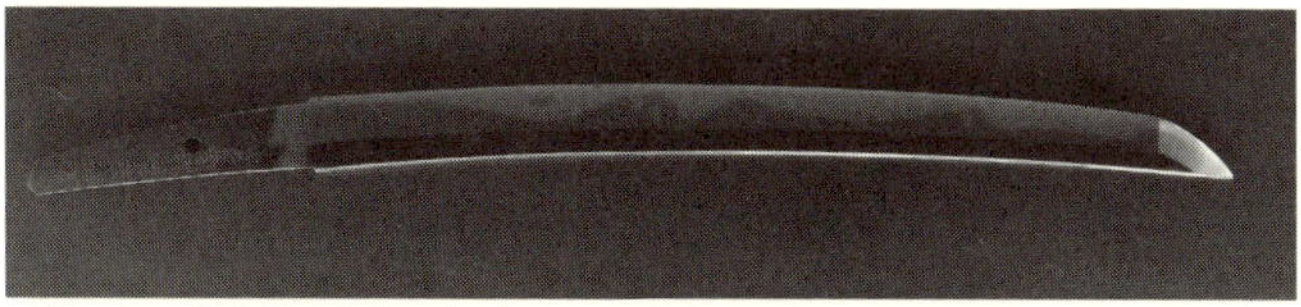
脇差　銘・仙臺國司陸奥綱宗（表）、於武州品川戯鍛之（裏）
（宇和島伊達文化保存会蔵）

原田甲斐の刃傷と伊達兵部の配流

仙台藩の実権を握った伊達兵部宗勝は藩権力の集中化を図り、地方知行制を維持しようとする一門と対立した。兵部は反対派を弾圧し、斬罪、切腹、官位・領地の剝奪、逼塞など処分は百数十人に及んだという。幼君亀千代の毒殺未遂事件があり、これも兵部の策謀ではないかとの疑惑が家中に瀰《ひろ》まった。

兵部宗勝の嫡男東市正宗興《いちのかみむねおき》の妻は、酒井忠清の養女で、姉《あね》小路大納言《がこうじ》公量《きんかず》（公景《きんかげ》とも）の四女、姉小路公量の長女が酒井忠清夫人である。将軍家綱の大老酒井忠清は権勢《けんせい》をほしいままにし、上屋敷が大手門のすぐ前にあったことから、後年、下馬《げば》将軍とまでいわれた。

兵部は縁戚関係を結んだ酒井忠清と密約し、仙台六十二万石のうち三十万石を兵部が、十五万石を立花忠茂の子の直茂（鑑虎《あきとら》）が、残りを田村宗良が分割する、という計略を進めていたとの説がある。しかし、兵部と忠清に縁戚関係が成立するのは後年のことであり、この説には無理がある。

反兵部派（一門）の仙台涌谷《わくや》領主伊達安芸宗重と登米《とよま》領主伊達式部宗倫《むねのり》（兵部の甥）との間に、積年の境界争いがあった。兵部が式部に有利な裁決を下したので、これを不満とする安芸は幕府に訴えた。寛文十一年（一六七一）三月、訴えは幕府評定所で裁定されることになる。安芸の出訴は、伊達兵部の専横を幕府に訴え、兵部を除くことで伊達六十二万石のお家安泰を図るためであったともいわれる。

吉田藩分知といい、その後の目黒山境界騒動といい、宇和島藩の宗利は兵部に煮え湯をのまされている。伊達安芸は前年の寛文十年十一月二十一日、反兵部派の「遠江守様（宗利）」に書状を送り、訴訟のことを伝えている。

伊達安芸は決死の覚悟で江戸にのぼったが、老中たちの評判もよく、評定は安芸側有利に進み、兵部の秕政《ひせい》★がしだいに明らかになった。

三月二十七日、評定の最終日、審理は酒井雅楽頭邸で執り行われたが、審問後、兵部派の原田甲斐宗輔《むねすけ》がいきなり伊達安芸に斬りつけた。さらに仙台藩重役の柴田外記、蜂屋六左衛門にも斬りかかった。

甲斐は伊達家の古内志摩に斬られたとも、酒井邸の侍に斬られたともいうが、安芸と甲斐はほぼ即死、重傷の外記と六左衛門はその夜のうちに絶命した。

原田甲斐の乱心刃傷については、『御歴代事記』にも概ね右のとおりに書かれている。

斬られた柴田外記は、「大老の屋敷で死ぬわけにはいかない」と家来に命じて宇和島藩邸に向かう途中、絶命した。酒井家上屋敷の現在地は大手町の三井物産ビルあたり、当時の宇和島藩上屋敷は八重洲あたりである。

これについて『御歴代事記』は、宇和島藩上屋敷に町奉行島田出雲守と作事奉

▼秕政
粃政とも書く。悪政のこと。

平将門の首塚（東京都千代田区大手町）。旧酒井家上屋敷の敷地内にある

行大井新右衛門が来て、酒井邸で斬られた柴田と蜂屋を預かれと命じられたので、家臣を遣って引き取ったが、「外記義は道にて相果て、六左衛門義は翌日未之刻相果て」たとしている。

四月三日、田村宗良は閉門、伊達兵部は土佐藩山内家に配流、兵部の嫡男宗興は豊前小倉藩小笠原家にお預けとなった。

四月六日、江戸城に登城を命じられた綱村（亀千代）は、「若年のゆえをもって所領は安堵、向後は後見を廃し、何事も親戚の伊達宗利、立花鑑虎に相談するように」と申し渡される。

四月十四日、兵部の小姓頭渡辺金兵衛は吉田藩お預けとなり、南八丁堀の吉田藩上屋敷の御借《おかり》長屋に身柄を拘束された。絶食して九月二十七日に餓死した。

兵部の目付の横山弥次右衛門、今村善太夫は、宇和島藩にお預けとなって宇和島に移送された。『伊達騒動実録』は今村善太夫の最期を「詳《つまびらか》ならず」としているが、『御歴代事記』には、元禄四年（一六九一）に宇和島で亡くなり、死体を塩漬けにして江戸に送った、と記されている。墓は宇和島の仏海寺（当時は観蔵寺）にある。横山弥次右衛門は元禄六年に赦免され、七十二歳で仙台に戻った。

六月九日、原田家の嫡子帯刀《たてわき》以下男子四人は切腹、帯刀の子二人は斬首、母は絶食して自裁、甲斐の妻は他家に預かりとなる。原田屋敷は取り壊されたばかりか、底地を二尺まで掘り下げ、土は廃棄された。

伊達兵部一族の墓所

かくて原田甲斐は稀代《きたい》の極悪人となるが、伊達安芸の訴訟は我田引水の領地争いに過ぎず、腹にすえかねて甲斐が安芸を斬った、という見方もある。伊達騒動の真相は不明としかいいようがない。

吉田藩主伊達宗純は、宗興の妻子四人の引き取りを島田・大井両奉行を通じて老中に嘆願し、九月三日、聞き入れられ、宗興夫人、千之助（六歳）、千勝（四歳）、右近（二歳）の四人は十月三日、江戸を出立した。

宗純は四人を厚遇した。伊達兵部への報恩である。十年後に夫人は病没、赦免となった三人の男子は吉田にとどまった。千之助と千勝は三十に満たない年齢で、右近も四十歳を前にして病死した。吉田藩菩提寺の玉鳳山大乗寺に四人の墓がある。

なお、宗純の正室は酒井忠勝の女《むすめ》於松で、酒井忠勝は下馬将軍酒井忠清とは同姓別家で、出羽庄内藩十四万石の譜代大名である。

吉田藩初代藩主・宗純の墓（吉田町・大乗寺）

伊達兵部の墓（高知市・五台山）

これも宇和島

無礼討ち二件

藩命の無礼討ち

安政二年（一八五五）九月九日、一宮神社（宇和津彦神社）の秋の祭礼のことである。宍戸甲太郎が親類の篠崎隼太《はやた》の倅を連れ、祭り見物をしていたところ、本町三丁目の清沢屋《きよざわ》（豪商石崎忠八商店）の前で、ヨイサ（四つ太鼓）という邌《ね》り物に出合った。避けようとしたが、押し倒され、下敷きとなった。

群衆も入り交じり、甲太郎は差料を奪い取られるのを防ぐのがやっとだったが、鞘を取られた。

武士は刀を取られれば切腹である。十三日、甲太郎は上司に差控え（謹慎）を申し出たが、その儀に及ばずという。三十日になって、宗城から沙汰が下された。

「恥辱を重ね、雪辱もならぬまま今日にいたるは不覚悟至極、武士道も立たず、甲太郎には永の暇、屋敷は没収する」

という過酷なもので、これでは武士の人前が立たない。

犯人とされる四人は逮捕されて入牢していたが、竪《たつ》新町の幸兵衛は士分に無作法を働いたかどで、横新町の元助は武士の刀に手をかけ殴打したとして、領外追放となった。「寛大の思召《おぼしめし》」とのことであるが、これは暗に甲太郎に二人を討てといっているのである。

宍戸甲太郎は、幸兵衛、元助が番所を出たところを斬ることにした。甲太郎には弟の勇次郎ほか十数人が付き添った。斬られることを幸兵衛、元助も承知しており、遺骸引き取りのために親類が同行した。

検使の徒目付《かちめつけ》中川幸八の報告によれば、甲太郎が元助に、

「そのほう」

と一声かけると、元助は観念していたものか、

「畏《おそ》れ候」

と答えた。

幸兵衛は無言のまま合掌した。

甲太郎は一太刀で首をはねることができず、首筋、肩、腕などに何度も斬りつけた。勇次郎の助けを得て、七転八倒する元助、幸兵衛をなんとか絶命させた。

兄弟二人の剣はいかにも未熟で、中川幸八は「見事と申す程にはこれなく」としている。

甲太郎は帰参を許され、勇次郎も逼塞を解かれ、親戚一同も差控えを許された。

宗城は武の精神を涵養《かんよう》するため、この無礼討ち事件を演出し、武士道の何たるかを周知したのである。

日本最後の無礼討ち

幕末の無礼討ちは、慶応元年四月七日、三机御番代官吉見三弥が御城下組大浦で百姓乙松を無礼討ちし、五月に病気を理由に退身、小倉方面の探偵として功を挙げ、慶応二年八月十日、鹿革一張を下賜されたとの記録がある。以下は口碑であるが、明治四年（一八七一）夏、須藤頼明《よりあき》が佐伯《さいき》橋（富田信高の家老佐伯権之助に由来）で百

姓丑松を斬った。

　頼明の父は須藤但馬で、宗紀の側近であり、宗城の軍艦建造計画にも携《たずさ》わった藩の重役である。

　頼明が鯊《はぜ》釣りの帰り、佐伯橋にさしかかると、牛（馬とも）を曳いた百姓と出くわした。百姓丑松《うしまつ》は城下で駄賃稼ぎをして祝森村に帰る途中であった。儲けた金で大酒し、ひどく酔っている。

　狭い橋の上で頼明が右によけようとすると右、左によけようとすると左にと、相手を若侍とみてなめてかかっている。

　頼明は、

「しっかり歩け」

と一喝した。

「おらの歩き方はおらの勝手やろが」

　丑松は牛を橋の欄干につなぐと、酒くさい息を吐きかけ、さんざんに悪態を吐いた。

　頼明が釣竿と魚籠《びく》を置いて、刀の柄に手をかけると、

「斬る気か？　斬れるものなら斬ってみい。おらは海鼠やねえど、おらの五体には骨があるんど」

と頼明の胸を小突いた。武士の恥辱きわまれり、頼明は刀を抜き払った。

佐伯町、元結掛《もっといぎ》、薬研堀《やげんぼり》あたりから集まった野次馬の、

「斬るのやろか」

「どうせよう斬らんてや」

などという声が聞こえる。

　頼明の白刃一閃、丑松は額を真っ二つに割られ、血潮を吹いてどっと倒れた。

　頼明は刀を拭うと、眼と鼻の先にある番所に出向き、

「拙者、須藤頼明と申す。下郎に無礼の段これあり、討ち果たした」

　と告げて去った。

　橋のたもとに兵頭という酢屋があり、窓から一部始終を見ていた新造は、たちまち瘧《おこり》がきて、五日間も寝込んだ。

　宇和島藩最後の無礼討ち、斬り捨て御免と伝えられる。無礼討ち禁止令は明治四年八月十七日であるから、あるいは日本最後の無礼討ちだったかもしれない。

　頼明に咎めはなく、その後は目立たぬ清貧生活を送り、若くして結核で死んだという。頼明の異母弟が明治の文壇に名を馳せた須藤南翠で、民法の祖といわれる穂積陳《ほづみのぶ》重《しげ》は南翠の従兄にあたる。

　須藤南翠は、安政四年（一八五八）十二月十八日、城下鎌原《かんばら》通に生まれた。名は光《みつ》暉《てる》。明倫館に学び、松山師範学校を卒業後、小学校教師を経て、明治九年（一八七六）に上京、有喜世《うきよ》新聞に入社、文選工から記者となり、小説を連載する。毒婦小説で名をあげ、政治小説、歴史小説にも手を染め、新聞小説の人気作家となり、饗庭篁村《あえばこうそん》と「改進の南翠、讀賣の篁村」と並び称された。当時の探偵小説翻訳ブームにも乗り、明治二十一年六月に発表した「殺人犯」は日本の探偵小説の嚆矢といわれる。

　幸田露伴は「明治二十年前後の二文星」という小文に、南翠と篁村は「当時の小説壇の二巨星であった」と回顧している。

　大正九年（一九二〇）二月四日、病没。没後はしだいに忘れられ、今では宇和島でも南翠のことを知る人は少ない。神田川の泰平寺にあったという墓も、現在は無くなっている。

これも宇和島

元禄赤穂事件

元禄十四年（一七〇一）三月十四日、勅使御馳走役の赤穂藩主浅野内匠頭《たくみのかみ》が、御取《おとり》囃役《はやしやく》である高家《こうけ》肝煎吉良《きら》上野介《こうずけのすけ》義央《よしひさ》に、松の大廊下付近でいきなり斬りつけた。

役目柄も場所柄もわきまえず刃傷に及ぶとは不届き至極と、内匠頭は伊達家一門の一関領主田村建顕《たつあき》邸に預けられ、夕刻、切腹させられた。

軽傷の吉良は、無抵抗だったことを賞せられ、お咎めがなかった。この幕府裁定を不服とした大石良雄《よしたか》以下赤穂浪士四七人は、翌《あく》る元禄十五年十二月十四日（十五日の未明）、吉良邸を襲撃し、合戦の末に吉良の白髪首を取る。亡君の恨みをはらした浪士一同は、幕府に自首し、翌年二月四日、切腹を命じられた。

浅野はなぜ吉良に斬りつけたのか？ 当の浅野は黙して語らず、吉良も身に覚えがないという。で、今日にいたるまでさまざまに憶測されてきた。刃傷の原因については諸説あるが、すべては臆説であり、近年は浅野の統合失調症による発作的犯行という説さえある。

浅野内匠頭長矩《ながのり》は勅使御馳走役であるが、院使御馳走役が伊予吉田三代藩主の伊達左京亮宗春であった。勅使は天皇の、院使は上皇の使者である。

伊達左京亮宗春は、秀宗の七男刑部宗職《むねもと》の三男として宇和島に生まれた。吉田二代藩主宗保（宗純《むねずみ》二男）が二十歳そこそこで早世したので吉田三代藩主となった。元禄六年のことで、宇和島二代藩主宗利が隠居し、三代宗贇となった年である。

三十六歳の内匠頭は二度目のお役でありながら、失敗して切腹。十八歳で初役の左京亮宗春は無事に務めあげた。

そんなことから、宗春は若さに似ぬ老獪な大名で、吉良に賄賂を惜しまなかったが、潔癖な浅野は賄賂をしなかった、それで吉良に何かと意地悪をされ、我慢できず刃傷に及んだ、という説があるが、まったく信用できない。

近年、一つの新説がある。文禄五年（一五九六）八月十四日、伊達政宗が浅野長政に絶交状を送りつけて以来、伊達と浅野の両家は不通の状態にあった。不通とは、一切の交際をしないことで、江戸城で顔を合わせても互いに無視する。これは親戚筋である播州浅野家と伊予吉田伊達家も同様である。

このため、内匠頭・左京亮の両御馳走役は連携が取れない。たまりかねた指南役の吉良が、

「赤穂殿、吉田殿、ご両家の不通は承知しておりますが、ここはお役目専一、別して仲良うされては如何」

と諭すが、浅野が耳を藉さない。で、吉良が怒る。内匠頭は吉良を深く恨み、刃傷に及んだ、というのであるが、これまでのあらゆる説とくらべても説得力がある。しかし、これを実証する史料はない。

なお、仙台伊達家と浅野宗家は、平成六年（一九九四）、政宗が秀吉から拝領した

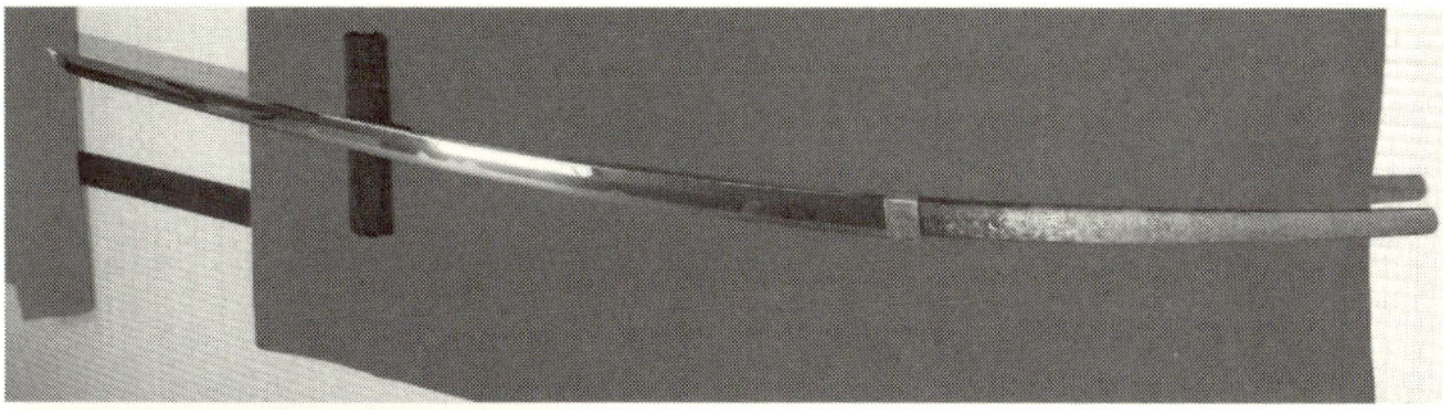

初代国正・八幡神社奉納の太刀

茶室（松島の観瀾亭）で和解の茶事を催した。絶交から実に三百九十年ぶりという。

伊達宗春（のちに村豊）は四十四年間の藩主在職中、院使・勅使の接待役（控えを含む）を六回、朝鮮使接待役を二回務めている。その後半生は、享保の大飢饉による苦難の連続であった。

同・山王神社奉納の太刀

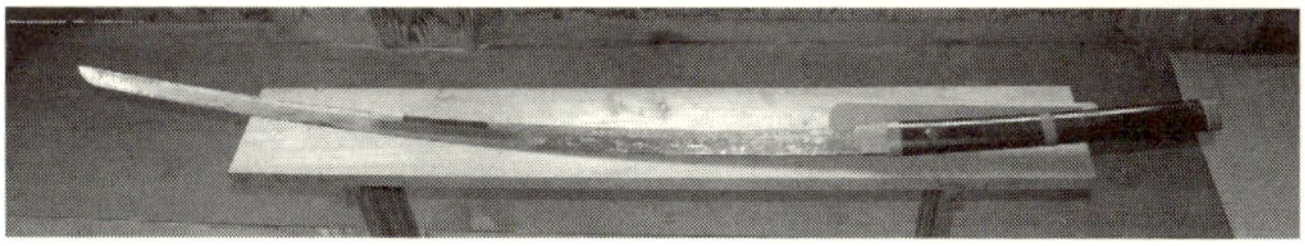

　さて、浪士の一人である大高源吾の愛刀が、宇和島藩の刀工国正の作である。

　初代国正は寛永六年（一六二九）に土佐国二宮（現・宿毛市）に生まれ、宇和島に移って刀鍛冶を修行し、慶安五年（一六五二）、宇和島藩の御刀鍛冶に取り立てられた。大太刀が伊吹八幡神社、丸之内和霊神社に、宝剣が宇和津彦神社に奉納されている。ほかに、刀剣が宇和島伊達家に伝来している。

　大高源吾は子葉という俳人でもあった。茶人山田宗偏から十二月十四日に吉良邸で茶会が催される、という確報を入手し、乾《けん》坤一擲《こんいってき》の討ち入りを成功に導いた話は有名である。

　吉良の首をあげて高輪《たかなわ》泉岳寺に入った時、子葉を知る僧侶に一句を求められ、「山をさく刀もおれて松の雪」と詠んだ。折れた刀は国正であろうか。

これも宇和島

奇習「牛鬼」

南伊予地方を中心に、伊予中部及び高知県の一部に伝わる「牛鬼」という奇習がある。「うしょうにん」「うしょにん」「おしょにん」などといったが、現在は「うしおに」と呼ぶ人がほとんどである。

　胴体（ドンガラともいう）は巨大な牛のようで、首はキリンのように長く、頭《かしら》（カブともいう）には二本の角があり、顔は恐ろしげな鬼面、尻尾は剣の形、焦茶色の棕櫚の毛（樹皮）もしくは赤い布で全身を覆われ、一見、何とかサウルスという恐竜、もしくは怪獣を想わせる。

　これを十数人で担ぐ。こどもたちが従い、吠え声を模した竹法螺（ブーヤレという）をボー、ボーッと吹き鳴らす。長い首は自在に動き、口も開閉する。牛鬼を見ると、乳幼児は恐怖のあまり泣くが、この口で噛んでもらうと無病息災のご利益があるので、親は泣きわめくこどもを牛鬼に噛ませる。また、商店などに頭を突っ込むと、商売繁盛疑いなしということで、商店主は随行が担いでいる賽銭箱に賽銭を投じる。

　宇和島市では牛鬼は市のシンボル的存在となっており、七月下旬に開催される「うわじま牛鬼まつり」では十数体の親牛鬼、二十数体のこども牛鬼が市街地を邌《ね》り歩く。また、国内はもとより海外へも遠征して外国人を驚かせたりしている。

「吉田祭礼絵巻」より

　本来、牛鬼は神社の秋の祭礼に登場し、神輿を先導し、道々を清め、悪霊を祓う邌り物である。伊予吉田藩の祭礼絵巻に出てくる牛鬼は、全身が棕櫚の毛に覆われ、首は長く顔は丸顔で角を二本生やし、口が大きく裂け、恐ろしげというより、凶悪で醜い。担ぎ手は胴体の中に姿を隠して下肢だけを見せ、怪獣としてよりリアルである。

　現在の牛鬼は、担ぎ手が胴体の外から肩で担ぐ。顔も洗練されて、面長の男前になっている。少し前までは、神聖なものとして人が乗ることもなかったが、現在は人を乗せるし、ブーヤレに代わって警笛や太鼓を騒々しく鳴らしている。

　牛鬼の起源については諸説ある。加藤清正が朝鮮出兵のおり、敵を威圧するために用いたのが始まりであるとも、戸田勝隆の家臣大洲太郎が猛獣の襲撃を防ぐためにつくったともいわれる。

　ともあれ、牛鬼は人気者である。伊達家つながりの姉妹都市である北海道石狩郡当別町は、平成二十二年（二〇一〇）、入植（開拓）百四十年の記念として本格的な牛鬼を製作した。宇和島の牛鬼が北海道に渡ったのである。

第四章　三代宗贇から六代村壽まで

元禄の高直し、享保の大飢饉、本末の争い、宇和島伊達家に泰平の時代はない。

① 伊達宗贇の治世

宗利の男子はことごとく早世し、山家清兵衛の祟りとされ、その霊を神として祀る。伊達綱宗の三男宗贇が宗利の二女の夫に迎えられる。婿殿は驚くべき巨漢だった。吉田藩分知で七万石となった宇和島藩、宗贇は幕府に願い出て十万石に高直しする。

伊達宗贇

仙台三代藩主綱宗の三男で、四代綱村（亀千代）の次々弟。男子ことごとく早世した宗利の二女三保姫と婚約し、宗利の養嗣子となった。

元禄六年（一六九三）十一月十四日、宗贇《むねよし》は宇和島伊達家を襲封する。この年の夏は異例の少雨で、八〇町歩の田に植えつけができず、三〇町歩の田が枯れた。同九年、石高を十万石に直した。同十年七月四日、里山で檜《ひのき》、栂《つが》、榧《かや》、槻《つき》★、樅《もみ》、桐、樟《くす》、杉を伐採することを禁じた。同十一年、津島組近家《ちかいえ》浦で塩焼き（製塩）が始まった。村々の石高を記す高辻帳を改定した。同十四年四月十日、三の丸新館が完成した。夏、旱魃で二万石を損失。秋、洪水で一万石減収。宝永二年（一七〇五）、正月の御野始《おのはじめ》の人数を倹約のため減らした。同四年、台風被害甚大、

▼槻　欅（けやき）の古称。

宗贇所用の鎧　宗贇の甲冑は三領あるが、平成二十一年（二〇〇九）、一領を修復する際に計測したところ、胴回り最大一五五センチ、胴と草摺部分の高さは八四センチあった。現代の服ではLサイズ。これからすると、宗贇の身長は一八〇センチ、胴回り一四〇センチと推定される。腹部から下が裾広がりに大きいことからして、いわゆるアンコ型の力士のような体型である。宗贇の具足は現存する中で日本最大ともいわれる
（宇和島伊達文化保存会蔵）

十月四日、宝永大地震により城が崩壊、参勤の出府を翌年に延期した。
正徳元年（一七一一）二月十八日、宇和島で卒去し、三男の村年が襲封した。

三代伊達宗贇

生年：寛文五年一月十五日（一六六五年三月一日）
没年：正徳元年（宝永八）二月十八日（一七一一年四月五日）
実父：仙台三代藩主綱宗
生母：綱宗の室三沢初子
正室：宇和島二代藩主宗利の二女三保子

現存する甲冑から宗贇の体格を推定すると、宗贇は身長一八〇センチ、胴回り一四〇センチを超える。長女豊姫を松代藩真田家★に嫁がせた宗利夫人稲子は、仙台藩から迎えた二女三保姫の婿殿を見て、その巨軀に仰天したにちがいない。稲子は『源氏物語豆本』製作のため、日々、極小の世界に没頭していたから、巨人を見たと思ったかもしれない。

宇和島伊達家に「大通院殿御自筆　御餞別御自詠」という文書が保存されている。大通院殿は稲子で、宇和島に下向する宗贇の道中を案じて書かれた書状である。体格のよい婿殿を迎えて頼もしく思っていると書かれているが、メタボリックシンドロームの宗贇の暴飲暴食や運動不足を心配する記述はない。薬が五服同

▼松代藩真田家
延宝元年（一六七三）七月二十六日、豊姫は松代二代藩主真田幸道に嫁いだ。豊姫十五歳、幸道十七歳。松代藩九代藩主幸教は生来病弱、幕末の難局にあって藩経営が危ぶまれ、宇和島八代藩主伊達宗城の長男保磨を藩主に迎えた。保磨改め幸民（ゆきもと）は新政府軍に与し、戊辰戦争の戦功により三万石を加増された。

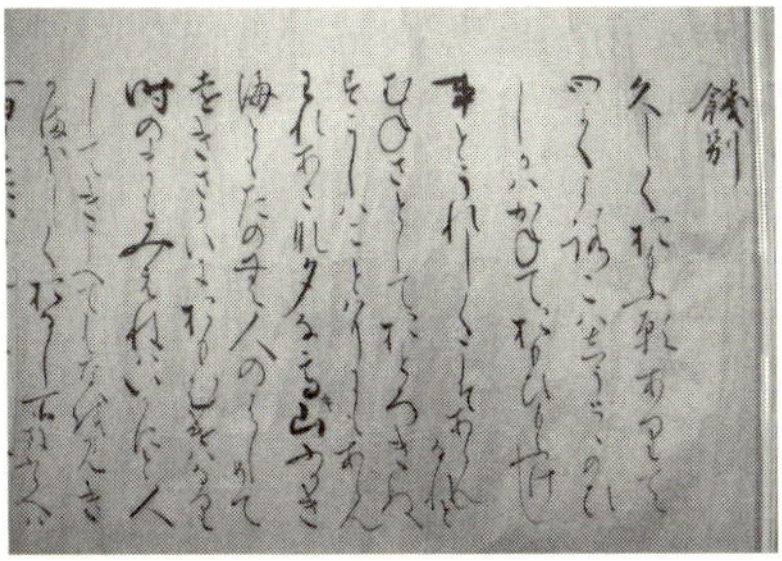
「大通院殿御自筆　御餞別御自詠」
（宇和島伊達文化保存会蔵）

封され、黒い丸薬と包み紙も残っている。

十万石の高直しが生んだ段畑

七万石となっても、宇和島伊達家は国持大名格であり、官位も、江戸城大広間詰めの席次も変わらず、依然として仙台伊達家と相並ぶ「西国の伊達」であり、幕府への勤仕、献上物も国持並みを負担していた。

そこで宗贇は、元禄八年（一六九五）四月、石高を十万石に戻す「御高直御《おたかなおしおん》願書《ねがいがき》」を幕府に提出した。新田開発による表高の上方修正を図り、寛文検地で八万九百九十五石であったのを十万石にしようとするものである。元禄年間、遠浅の海を干拓する新田開発が藩や商人で進められていたが、それでもまだ二万石ほど足りない。そこで、収穫のない荒田まで加えた「新田改出《あらためだし》」をつくり、実高十万四百二石一斗二升とした。

元禄九年七月四日、十万石に直すことを許されたが、幕府普請役では、さっそく十万石格を負担しなければならなくなり、湯島聖堂の造営、赤坂溜池の堀浚《ほりさら》いなどを命じられ、これがますます財政を圧迫した。

元禄十三年に開発された樺崎《かばさき》新田は面積七町四反、請銀七貫六八九匁で米屋《こめや》平左衛門に払い下げられている。財政難の中、新田の商人地主化が進められる一方、

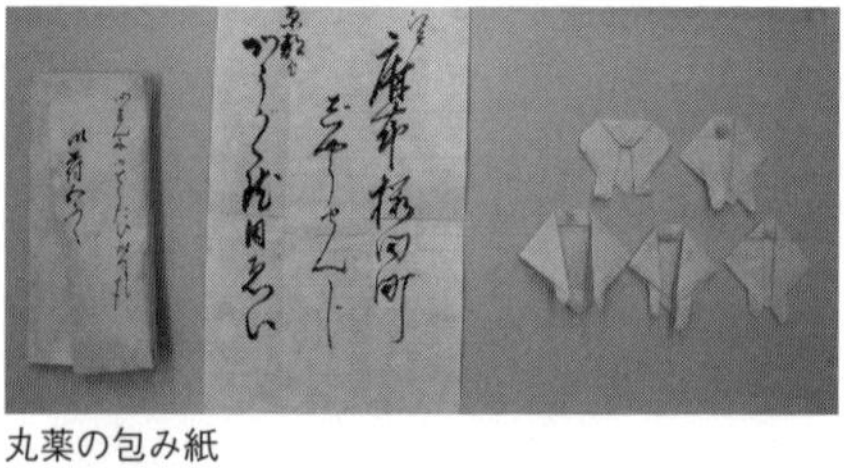

丸薬の包み紙
（宇和島伊達文化保存会蔵）

商人からの借入金もしだいに増えていった。

三代宗贇といえば十万石高直し、ということになっているが、元禄年間、隠居の宗利はなお健在である。推測に過ぎないが、三万石分知で苦杯を嘗めた宗利の意向もあったのではないだろうか。

リアス式海岸の宇和島藩領の海岸部は入り江が多い。古来、入り江に回遊する鰯は南伊予地方の重要な産物であった。

事実上の二代藩主宗時の寛永二十年(一六四三)、浦々の諸魚の積み荷は五分一(五分一銀運上制)とする課税の命が下されている。鰯を主とする漁業は宇和島藩終焉まで基幹産業であった。

宇和島の鰯は全国的に有名で、鎌倉末期の『玉葉和歌集　巻二十神祇歌』には、

伊予の国宇和の郡の魚までも我こそなれ世を救ふとて

とあり、

鰯よせくる宇和島の穐《あき》★

と『西鶴大矢数』にも詠まれ、『和漢三才図会』にも宇和島の鰯が紹介されている。

宇和海《うわかい》の水産物は生魚、塩魚、干鰯《ほしか》が大坂へ流通していたが、綿作の肥料として干鰯の需要が増大するにつれ、その商品価値が高まり、やがて出荷品目の一位を占めるようになった。藩内三浦の「諸魚積出記録」(寛政十〜文久三年)によれ

▼穐
「秋」の古字。

ば、天保八年（一八三七）から十四年にかけては毎年一二〇〇俵を超える干鰯が送られ、浦々に一定の繁栄をもたらしたことが窺える。

新浦《しんうら》の開発を奨励した宗贇は、漁労を厳命する一方、漁民の生活に資するため、山地の開墾は「勝手次第」とした。山地は切り立った急斜面であり、耕作適地とはほど遠いが、これを耕して食糧を確保しなければ在浦《ざいうら》の人々は飢えるほかなかった。これが「耕して天にいたる」段々畑の始まりとされる。

鰯網漁の漁場として新浦が開発されると、網元・庄屋が請銀を藩に納め、漁民を管理した。漁労に従事しない女、年少者、高齢者は自給食糧源を得るために急傾斜地の山上まで這いのぼって耕作した。以後、浦々は人口増加が著しく、自家消費の甘藷・穀類のほかに商品作物も栽培されるようになる。

平成の現在、段々畑は三浦半島の遊子水荷浦《ゆすみずがうら》地区に復元され、「遊子水荷浦の段畑」は国の重要文化的景観に選定されている。このごくわずかな段々畑ですら、傾斜角四〇度以上の石垣の斜面を登り、頂上から俯瞰すると、誰しも絶句する。

昭和三十年代までは南伊予の山という山はすべて段々畑で、宇和島湾に浮かぶ九島《くしま》も全島が段々畑であった。究極の土地利用であるが、耕して天にいたる、には続きがある。「貧たるや推して知るべし」である。段々畑は何よりも貧困の遺産なのである。

遊子水荷浦の段畑

② 天災に苦しんだ村年の治世

巨漢宗贇の三男村年は体格に恵まれず、病身であったが、敢然と大飢饉に立ち向かう。享保十七年、藩財政は破綻し、村年は半知借上げ、経理の厳正化、人材登用を命じた。村年は参勤交代の帰国途中、播州加古川で急死、三十一年の苦難の生涯を閉じる。

半知借上にいたった四代藩主時代

正徳元年（一七一一）、宗贇が卒去し、前年に世嗣となっていた宗贇の三男の村年が、幼くして四代藩主を継いだ。

享保四年（一七一九）、領内産出の紙の販売を制限した。同六年七月二十九日に初めて帰国、この年、山奉行に植林・植樹を命じた。同九年三月十九日、仙台藩主伊達吉村の女《むすめ》富子と結婚。この年、旱魃のため、領外からの穀物の購入を許可した。同十五年六月、幕府の藩札《はんさつ》解禁により藩札の使用を許可した。同十六年、蝗害《こうがい》により飢饉となった。同年、和霊神社の新社殿を鎌江城址★に造営することとし、四年後に落成した。

享保十三年から十六年にかけては風水害が続いた。被災地に食糧を送るほか、

▼鎌江城
宇和島地方の中世城郭群の一つ。

難民の緊急雇用対策として土木事業を起こした。十七年には台風と蝗害により大飢饉となった。

　村年は倹約令と人材登用による藩政改革に乗り出したが、享保二十年（一七三五）五月二十七日、参勤交代の帰国途中、播州加古川で三十一歳で急死した。

四代伊達村年

生年：宝永二年一月十六日（一七〇五年二月九日）
没年：享保二十年五月二十七日（一七三五年七月十八日）
実父：三代藩主宗贇
生母：側室宇和島藩士中里氏の女《むすめ》
正室：仙台五代藩主吉村の女富子

　享保十七年は台風に三度襲われ、八月に西国一円を襲った蝗害（虫付き）は被害甚大で、領内の飢人《うえにん》が五万六九八〇人に及んだ。ちなみに、享保六年の宇和島藩の人口は九万四五七一人とされる。

　七月から九月にかけて西国諸藩は幕府に被害状況を報告しているが、伊予八藩では小松・今治・松山・大洲・新谷・吉田藩が稲の生育皆無とし、宇和島藩は「残所二、三分（二〇～三〇パーセント）」、西条藩も八〇パーセントが損耗と届け出ている。

村年所用の鎧
歴代最も小ぶりなのが四代村年の具足で、一見、宗贇の半分にしか見えない。宗贇の実子でありながら小兵（こひょう）短軀であったことがわかる。つくりも簡素で、財政逼迫も想像される。ちなみに、龍華山等覚寺の村年の墓碑も、歴代藩主の中で最も小さいものの一つである。村年の短い後半生は飢饉による苦難の連続であった
（宇和島伊達文化保存会蔵）

宇和島藩は領民に食糧（米、籾、古米、大麦、稗《ひえ》、大豆、糠《ぬか》、粕《かす》、塩、粟糠《あわぬか》、黒若布《くろわかめ》、醤油、小豆、蕎麦）を救恤《きゅうじゅつ》し、さらには幕府から一万両、米一千五百十六石を借りた。村年は飼っていた鳥、犬を放ち、兵馬を減らし、領民救済につとめた。「虫付大変に付き御鷹、鶉、御飼鳥、御飼鳩残らず放ち、御鷹犬残らず放ち候様仰せ出され候事、同断御馬も相減し五六疋に致し候様仰せ出され候事」と伊達家文書にあり、一人の餓死者も出なかったというが、路頭に食を乞う者列をなし、餓死者はいたと推察される。

松山藩では多数の餓死者を出した。全国の餓死者一六万九七〇〇人、松山藩だけでも四七〇〇人が死んだといわれ、このため幕譴《ばくけん》★を蒙っている。

享保十八年八月、桜田監物は浜御殿に目見《めみえ》以上の家臣を集め、藩命を伝えた。財政破綻のため俸禄を維持できない、よって半知借上《はんちかりあげ》をする。

村年の言葉が伝えられた。――自分は七歳にして家督を継ぎ、政務も家臣にまかせてきたので、諸事不案内に過ごしてきたが、向後、政治は秀宗公以来の旧格を守り、いっそう倹約につとめ、財政に人材を登用し、経理を厳正化する。

本格的な藩政改革が始まったが、村年はこの二年後、急逝した。村年は歴代藩主の中で最も体格に恵まれず、墓碑も小さい。いかにも影が薄いが、すぐれた殿様であった。

▼**幕譴**
幕府からの譴責、お叱り。

村年の墓（龍華山等覚寺）
天災に苦しんだ村年の治世

宇和島藩の参勤交代

諸大名が江戸で勤務することを「参勤」といい、「交代」は国許で勤務することである。宇和島藩の参勤交代は海陸の行程をとった。以下、参勤（江戸参府）にのみ言及する。

宇和島を船で出発し、佐田岬半島の宇和海側の塩成に上陸、富田信高の開削した堀切峠を山越えし、伊予灘側の三机《みつくえ》に降り、宿泊する。岬突端を廻航してきた船に乗り、瀬戸内海をわたって室津★もしくは大坂へいたり、大坂から陸路をとって江戸へ向かう。稀に宇和島から陸路をとることもあった。

行程は時代によって変わり、概ね以下のようになる（……は海路、――は陸路）。

江戸時代前期　宇和島……塩成――三机……大坂――江戸

江戸時代中期　宇和島……塩成――三机……室津――大坂――江戸

江戸時代後期　宇和島……室津――大坂――江戸

幕末には船の性能が向上し、乗船したまま佐田岬沖の速吸瀬戸を廻航できるようになり、行程は大幅に短縮された。

御参勤の行粧（規模）は、寛文十二年（一六七二）のそれでは、藩士の総勢五三五名（医師七名含む）、馬一九疋、鉄砲一一〇丁、船数七隻（小早《こはや》船と見送り

▼室津
現・兵庫県たつの市御津町室津。

船含まず）である。御座船《ござぶね》大鵬丸の水主《かこ》（船手）は藩お抱えの御手《おて》水主八〇名、各浦より徴発した浦水主五二名からなる。

経費は、銀四〇〇枚、金四四三両三分、小判に換算すると七三〇両二分である。このほかに「通馬日用賃金《ひようちんぎん》」「御供之面々給銀」（若党、小者《こもの》、人足の給金）、「旅勤半扶持増《はんふちまし》」などの多大な出費があった。

村年は藩主就任後、江戸在府のまま十年間を過ごし、享保六年（一七二一）に初めて国許に下向（交代）している。以後、享保二十年の下向までに参勤を四度欠勤している。参勤は飢饉、城の被災、藩主の病気などで免除（用捨《ようしゃ》）されることがあったが、村年の欠勤理由は飢饉であろう。

費用調達には苦心惨憺した。享保九年九月二十二日の記録（村年の宇和島下向時）によれば、

「上方においても路銀調達の見込みが立たなかったが、最近になってやっと京坂の鴻池、天王寺屋、越後屋から借り受けることができた」

とある。金のないまま出発せざるを得なかったのである。しかも、返済はできなかった。

旅程については、八代藩主伊達宗城《むねなり》の江戸参府（嘉永三年／一八五〇「御参勤御勤日記」）に詳細な記録がある。

三月三日午前一時に浜御殿を発駕《はつが》し、五時に樺崎港で小早船に乗り、大鵬丸に

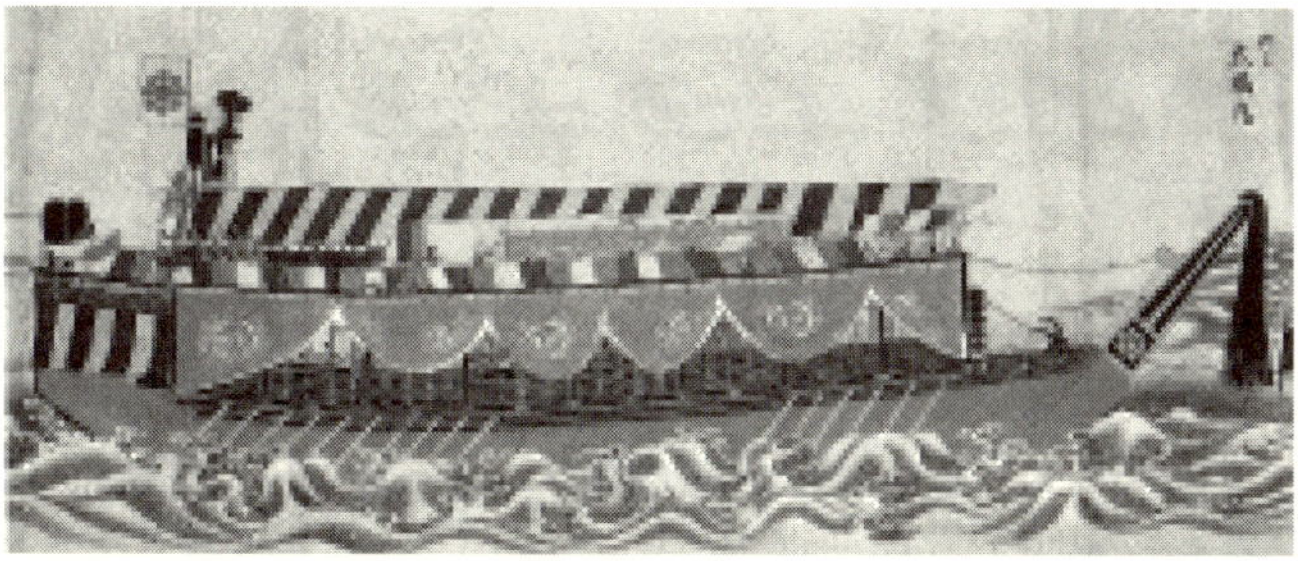

「参勤交代押船行列図」より御座船大鵬丸（部分）
（宇和島伊達文化保存会蔵）

乗船して八時に出港、十時に奥浦（現・吉田町）で一泊。翌朝午前四時に奥浦を出港し、十二時に佐田浦（佐田岬）に到着、ここで風雨に遭ったので鹿狩りをして九日まで過ごす。十日午前六時に出港して十二時に三崎鼻《みさきはな》（佐田岬半島突端部）を廻る。

三月十八日午前十時に室津へ入港し、一泊。以後は陸路をとり、二十二日午後九時に大坂屋敷に入る。翌日は屋敷に逗留し、江戸及び国許に大早飛脚（江戸まで五日間）で無事入坂《にゅうはん》を知らせる。二十四日午前五時大坂発駕、午後四時、伏見で一泊。

以下は省略するが、江戸到着は四月七日で、前泊地の川崎を午前四時に発駕し、午後二時に品川に到着、これより行列を立て、午後三時に目黒下屋敷に入って休息、深夜十二時に麻布竜土（現・六本木七丁目付近）の上屋敷に到着した。

村年、下向途中に死去

参勤交代には、寛文九年（一六六九）三月四日に見送り船が転覆して一四人が溺死、寛延元年（一七四八）九月二日に御供船が転覆して一九人が溺死、天保七年（一八三六）九月五日、帰り船が日振島・佐賀関に漂着、というように何件かの海難事故があった。藩主の発病（六代村壽《むらなが》は帰国中、大坂で四十二歳にして麻疹《はしか》にかかった）などもあったが、藩主急死はあとにもさきにも村年の一件だけである。

その顚末は以下のとおり。

五月一日

村年の行列は江戸を出発、木曾路（中山道）を辿る。

五月七日

お出迎えを、家中は八幡河原（現・宇和島市伊吹町伊吹八幡神社前）で、町人は向新町（現・宇和島市新町二丁目）で行うこととした。

五月二十一日

加古川着、殿様腹痛、夜発熱、二日間休息とする。

五月二十四日

「早速御快被成御座候付」加古川を出立。この旨を足軽飛脚★で国許へ知らせる。

六月一日

飛脚便が宇和島に到着。「病気しだいに回復、例の御持病の症状、腰が少々痛い、御様子をみることにする、特に心配することはないとの医師団の意見」。

五月二十六日発の飛脚第二便が到着。「姫路藩医長谷川元養が様子を伺いたいとのことなので、家老志賀九郎兵衛と医師浅野洞庵が出向き、三日後に出立の予定と伝えた」。

宇和島からは中早飛脚《なかはや》を送り、金銀取り合わせ一〇〇両持たせた。

▼飛脚
宇和島藩の飛脚制度は侍飛脚、足軽飛脚、町飛脚の三種があり、大早飛脚（江戸――大坂間四日と六時間）、中早飛脚（同、五日と十二時間）、並飛脚（同、八日と十二時間）を使い分けた。

六月二日

五月二十七日発の飛脚第三便が到着。「二十七日朝になって、別して重い御様子となった、発斑の症状あり、大坂より小泉杏仙が到着、薬が必要である」。

二十七日午後四時発の大早飛脚便が到着。「至極御大切被成御座候」。

同夜十一時発の大早飛脚便が到着。「廿七日戌中刻（夜九時）御卒去被遊候」。

六月五日

六月一日発の飛脚便到着。「御尊骸は六月一日暮れ加古川出発」。

六月七日

御尊骸が六月三日室津にて乗船、と桜田玄蕃より連絡。

六月九日

御尊骸が六月八日三机に着船し長養寺に入る、との連絡。

御尊骸、朝八時に樺崎に着船、行列は「御在世」のとおりに裏町（裡町）経由で龍華山等覚寺に入る。

六月十五日

御葬送。

六月二十八日

中奥《なかおく》★女中にお暇。翌日、宿下り。

▼中奥
側室とその女中。

これも宇和島

芭蕉の母は宇和島出身？

宇和島の郷土紙『南予時事新聞』の編集長をしていた小泉源吉（俳号、英）という人の作品に、

　芭蕉忌や母は宇和島の人の由

というものがあり、松根東洋城が激賞したという。松根東洋城は、幕末・維新期に活躍した家老松根図書の孫で、夏目漱石、正岡子規の門人でもあり、芸術院会員となった俳人である。東洋城は子規門下の高浜虚子の「花鳥風詠、客観写生」を排し、精神性を重視して芭蕉回帰を提唱した。

　松尾芭蕉の母は宇和島出身、という説がある。

　伊勢国津藩士に服部土芳（明暦三年〈一六五七〉～享保十五年〈一七三〇〉）という人がいる。芭蕉の門人で、芭蕉没後は伊賀蕉門の代表的人物であった。土芳は『芭蕉翁全伝』で芭蕉の出自に関して、

「母は伊与国宇和島産、桃地氏女《むすめ》」

と記している。

　藤堂高虎が宇和島から今治、伊勢、伊賀と移動していることから、この記述にはなかなか信憑性があり、宇和島文化協会発行の『宇和島の自然と文化』には、「伊賀上野の郷士松尾与左衛門と、伊予宇和島から藤堂氏とともに移住した桃地氏の娘が結婚して、その中に不世出の俳人芭蕉が生まれたことは、日本文学史上に特筆すべき一大ロマンである」と書かれている。

龍光院「父母のしきりに恋し……」の句碑

　芭蕉の母宇和島産説には異論もある。母を宇和島生まれとすると、芭蕉は超高齢出産になってしまうというのである。

　そこで、

「母は、伊与国宇和島産桃地氏女」

と読み替え、宇和島産が芭蕉の母方の祖父桃地氏である、とする解釈もあり、定説をみないが、ともあれ宇和島市には芭蕉句碑が多い。

　父母のしきりに恋し雉子の声
（臨海山福樹寺龍光院）

　古池や蛙飛び込む水の音
（宇和津彦神社）

　しばらくは花の上なる月夜哉
（愛宕公園）

　小泉英の「芭蕉忌や」も、句碑が龍光院にある。

　正岡子規の出身地であることから松山市は俳都を名乗っているが、芭蕉の縁ばかりでなく、宇和島には宇和島藩由来の連歌、俳諧の伝統があり、桑折宗臣《むねしげ》、松根東洋城、富沢赤黄男《かきお》、芝不器男《ふきお》などすぐれた俳人を輩出している。

これも宇和島

大屋形様の隠居生活

文政七年（一八二四）十月、村壽（六十二歳）は長男宗紀《むねただ》に藩政を委ねると、文政九年、幕府に暇を請うて江戸を去り、五月より宇和島で余生を送った。宗紀が孝養を尽くしたので、村壽は存分に閑日月に親しむことができた。

家中三浦家の七代義信は「大屋形様付」を拝命、天保七（一八三六）年に村壽が逝去するまで形影の如く側《そば》に従った。三浦義信の「勤蕃日記書抜」によると、文政十年の村壽は狩り、花見、野立て、船遊び、釣り、祭礼見物、花火見物で一年を遊び暮らしている。実子である吉田七代藩主宗翰《むねもと》を狩りに誘うこともあった。この年、隠居屋敷甲長館が竣工。

おりにふれ義信は、大屋形様から鳥や魚を拝領している。鳥では朱鷺《とき》、雁、鶴、鴨、鳩、鶫《つぐみ》、鴛鴦《おしどり》など。朱鷺はその頃、宇和島の空を舞っていた。美しい羽が珍重されたし、水田を踏み荒らすので狩りの対象とされた。宇和島城には鶴島城の別名があるが、鶴も飛来しており、藩で飼育もしていた。

鳥類は焼くか鍋にしたが、鶴は縁起のよいものとして吸い物にされ、改まった席での献立に供された。雁も吸い物にされた。鴨は塩鴨といって、塩漬けにもされた。海に面した浜御殿には、囮を使って鴨を生捕りにする鴨場もあった。

鮑、鰯、甘鯛、鱸、鰹、赤鱏《えい》、鰻、鮎、鮒、鯉といった海川の魚も拝領しているが、

村壽書「甲長館」
（宇和島伊達文化保存会蔵）

文政十三年五月、義信は大屋形様に誘われて藤江川で釣りをした。息子も連れて来るようにいわれ、直次郎、嘉治馬、三千之助も同行した。村壽は釣果なく、三浦父子は釣り上げた鯰、鮒を二匹ずつ大屋形様に献上した。この夜、村壽は三浦父子を甲長館に招き、生簀の鰻を手ずから蒲焼にして振る舞った。

鰻は江戸では蒲焼の辻売りに始まり、元禄年間には鰻料理の店が開店する。その後、鰻を蒸して脂を落とし、甘辛いタレにつけて焼く調理法（現在の関東風蒲焼）が案出されると、たちまち江戸の人気料理となった。義信父子に振る舞った鰻の蒲焼が、蒸してから焼くという江戸風であったかどうかは定かではない。

鰻といえば、この年の十月、宇和川の鰻がことのほか美味いと聞き及んだ村壽は、これを取り寄せている。現在、西予市宇和町赤間《あかんま》には天然鰻を食べさせる店がある。文政八年、参勤交代の帰国途中、村壽は三河の岡崎で名物の鰻を食している。鰻は村壽の大好物だったようである。

③ 中興の名君・村候の治世

多彩な政策で産業の再生に成功した五代藩主村候は文武・忠孝を奨励し、士風を刷新。本家は仙台にあらず……本末の争いで宇和島藩は家格を上げ、幕末の雄藩となる礎に。三百諸侯中屈指の名君村候。その藩政改革は、天明の飢饉によって万策尽き果てる。

高持制を断行した村候

享保二十年（一七三五）、村年の急逝によってわずか十一歳で五代藩主となった。伊達村候《むらとき》の藩主在任期間は歴代最長の六十年に及ぶ。

村候は天性英明の上に、優秀な臣下の輔導を得たこともあって、宇和島藩中興の祖とされる。そればかりか、三百諸侯中屈指の英主、細川重賢《しげかた》（肥後熊本六代藩主）とならぶ天下の二賢侯と称えられた。

寛保三年（一七四三）正月、寛文検地以来の鬮持《くじもち》制を廃止した。延享二年（一七四五）、紙の売買について制限した。同四年、安藤陽州を招聘し、翌年、藩校内徳館を建て、陽州を教授とした。寛延二年（一七四九）から三年にかけて、仙台伊達家と本家を主張する争いを起こした。宝暦元年（一七五一）、藤好南皐《ふじよしなんぷ》が内徳

村候自画像
（宇和島伊達文化保存会蔵）

館の教授となった。町人四名に晒《さら》し蠟★の営業を許可した。同七年、仙貨紙★の販売を制限した。

天明元年（一七八一）、関東川筋の土木工事を課せられた。天明八年（一七八八）、夜間の漁を禁じた。寛政三年（一七九一）十一月十五日、幕府から賞され馬一疋、金梨地葵紋散蒔絵馬具を賜った。同五年、吉田藩に百姓一揆が起こり、家老安藤継明が宇和島の八幡河原で切腹した。同六年九月十四日、卒去し、村壽《むらなが》が継いだ。

村候は、領内巡視や狩猟にあたっては農民の妨げにならぬよう配慮し、重臣の家を訪れるにも食材を携行し、厳寒にあっても火を用いず、真夏でも扇を用いず、綿服を着、食膳も簡素であったという。

五代伊達村候

生年：享保十年五月十一日（一七二五年六月二十一日）
没年：寛政六年九月十四日（一七九四年十月七日）
実父：四代藩主村年
生母：正室仙台五代藩主吉村の女《むすめ》富子
正室：佐賀藩五代藩主鍋島宗茂の女護子《もりこ》

藩にとって農政の改革、農業の再建は重要な課題であった。そこで、享保の飢饉によって有名無実化してきた鬮《くじ》持制を、高持制へ戻すことが検討された。享保

▼晒し蠟
木蠟を精製して日光に晒し、白色にしたもの。

▼仙貨紙
楮（こうぞ）を漉いた厚手の紙。包み紙や合羽などに使用。天正年間（一五七三）～一五九二）に、伊予の兵頭仙貨が製法を考案したという。

「金梨地葵紋散蒔絵馬具」
（宇和島伊達文化保存会蔵）

十九年九月、高持制復帰について郡奉行所に諮問したところ、合議の上、反対し、その理由として以下を挙げた。

一、鬮持制では諸役や掛物《かかりもの》★は鬮高に賦課するから課税事務が簡便である。

二、高持制では有力者が田地を蓄積することになり、困窮者は抜《ぬき》売り（切り売り）をするから、農民の階層分化が進み、名寄《なよせ》帳の作成が煩雑化する。

三、窮乏農民が家督を有力者に譲渡し、地主制が進行する。

四、鬮持制は定免制が施行しやすい。

ということで、なかなか踏み切れなかった。

元文四年（一七三九）にも再検討し、家臣松江嘉兵衛に諮問したところ、

一、高持制は百姓の持ち地を永代不易の家督と認めることになり、問題がある。

二、鬮持制は課税上の公平さにすぐれており、後年にいたっても不公平にならない。

これが「肝要の道理」である、として松江は高持制に反対した。

村候はこれら反対意見を押し切って、まずは穀倉地域の多田組に高持制を導入し、ついで山村地域の山奥組で試行し、寛保三年（一七四三）正月、全藩領で鬮持制を廃止、高持制に復帰した。土地の転売・交換が自由になったわけであるが、これは庄屋の強い要求を反映したもので、庄屋はこれ以後、豪農化していった。

▼掛物
高掛物。鬮高への付加税。

村候が描いた母富姫二十五歳の肖像

学問奨励した村候の藩政改革

高持制への復帰は大改革であったが、寛保三年（一七四三）の五月、二五カ条の定書を家臣に出した。忠孝・学問・武芸を奨励し、軍制の強化、徒党・博打・好色の禁止、家計の節約、役職勤務の見直し、献策の採用などをうたったものである。

延享二年（一七四五）には、七カ年の倹約令、奢侈《しゃし》の禁止と風俗矯正、棄捐令《きえんれい》★、未進貢租の引き落とし★、家臣が富農の娘と結婚することの禁止などを打ち出した。延享四年からは製蠟業と製紙業を保護統制下に置き、和紙の専売制を復活させて利益の集中を図った。鰯曳網漁を保護奨励し、漁獲量の増大につとめ、藩の主要財源とした。

宝暦三年（一七五三）から翌々年にかけて、郡役所に吟味役を置いて行政を強化し、農政の抜本的改革と租税の確保に取り組んだ。

一方、窮民救済や勤勉の奨励も怠らなかった。宝暦七年、七十歳以上の高齢者に米や銭を与えて長寿を言祝《ことほ》ぎ、寛政二年（一七九〇）には六十歳以上の領民にも記念品を与えている。

孝行も大いに賞した。以下に二例を挙げる。

▼棄捐令
藩士の借金帳消し。

▼未進貢租の引き落とし
租税未納分の免除。

天明六年（一七八六）三月二十一日、津島組近家村《ちかいえむら》の嘉八夫婦が孝行により鳥《ちょう》目《もく》★一貫文ずつ賜る。

寛政三年十二月十日、河原淵組富岡村の百姓長六の娘とめが、母親に対する孝行により米一俵を賜る。

▼鳥目
銭の異称。

ちなみに河原淵組の富岡村は元は樫谷村といったが、飢饉の縁起直しに村名の改称を思いついた。天明二年四月、藩に村名変更を願い出、五月二日、認可されて富岡村となった。この頃、他村でも世直り祈願の村名改称が行われている。

天明の飢饉は深刻をきわめた。藩は天明七年、農村救済策であった口入米《くちいれまい》（救恤米）を廃止し、「たとえ明日の食糧尽き果てるとも、まずは貢租を完納せよ」と命令した。天明八年には山奥組遊子谷《ゆすだに》村の農民百余名が大洲藩領へ逃散《ちょうさん》する事件があった。村候の藩政改革も天明の大飢饉には万策尽き果て、疲弊した農村では一揆や村方騒動が頻発した。

寛政六年、村候は失意のうちに七十歳で没した。ではあるが、三百諸侯中屈指の良主という評価はゆるがず、幕府から褒美を授かったことは松浦《まつら》静山の『甲子《かっし》夜話《やわ》』にも出てくる。

家風・士風の刷新を重要施策とした村候は、藩祖秀宗以来の伊達家の学問であった朱子学や崎門学に代えて古学を導入した。藩士藤好本蔵（南皐）を京都古義堂に学ばせ、古義堂の伊藤蘭嵎《らんぐう》門下の安藤陽州を招いて儒臣とした。寛延元年

（一七四八）には士庶共学の藩校「内徳館」（のちに明倫館）を開校し、安藤陽州、藤好南阜を教授とした。以後、五十年ほどは宇和島藩に古学が隆盛した。

明和三年（一七六六）、村候は諸子教育の基本方針を明らかにした。「壁書」として伝えられる文書がある。

「大名を意識するから、平民が小袖一つで暮らす季節にも肌着の上に二つ三つと厚着させ、かえって虚弱体質にしてしまう。朝夕、雨後などには屋敷廻りや庭を歩かせ、寒風立つ頃には外で遊ばせ、夕暮れになって少々の水っ洟や嚔《くしゃみ》をしても気にすることはない」

「十五歳の頃からは自主性にまかせ、あまり学問を強制してはいけない。この頃からは武芸、武芸である。色欲の盛りを過ぎれば、幼少の頃に学んだ文筆を思い出し、ほどよい人物になるものである。武芸の時期が遅れ、二十歳を過ぎてからあわてて頑張るから文武いずれも手遅れになる。壮年になると口ばかり達者で理屈をこね、書物も理解できないから興味がもてない。武芸も未熟だから息切れして何もできない」

本末の争い

村候は仙台・宇和島の「本末の争い」でも知られる。

村候と夫人護姫の墓（金剛山大隆寺）

宇和島藩は仙台から綱宗の三男の宗贇《よし》を三代藩主に迎え、四代村年の室も仙台から迎えた。このこともあって、しだいに仙台藩は宇和島藩に無遠慮になり、宇和島藩も仙台藩に対して萎縮しがちになった。

村候は仙台六代藩主宗村《むねむら》の甥にあたるが、宗村からの書状に「伊達遠江守殿」とあったことに憤慨し、伊達家の本家は宇和島であり仙台の末家（分家）にあらず、と仙台を同格ないし格下に置く態度に出た。

具体的には、仙台由来の村候という名を政徳に改め、仙台藩主宗村への文書は「様」から「殿」とし、仙台伊達家と不通（絶交）の状態にあった岡山藩池田家と和解して両敬（親戚同様に交際する）を結んだ。旧代先格に倣い、仙台風に「殿様」という尊称を「屋形様」と変え、駕籠（打揚腰黒乗物）に虎の皮を鞍覆し、堤防工事の提灯《ちょうちん》に日の丸を用い、御用提灯の紋を「九曜紋」から「竹に雀」に格上げするなど、一三カ条に及んだ。

寛延二年（一七四九）から三年にかけての出来事で、村候は二十五歳、智勇兼備を謳われた伊達宗村は四十二歳である。

村候の一連の挑発行為を不快とした宗村は、宇和島が本家仙台藩をないがしろにして僭越《せんえつ》である、と老中堀田正亮《まさすけ》に訴えた。堀田は高家《こうけ》★の一人である堀川広益と相談の上、仙台伊達家を「家元」、宇和島伊達家を「家別れ（別家）」とすることで調停した。

▼高家
徳川幕府における儀典を司る役職。

村候は仙台と争うにあたって、宇和島伊達家の由緒や先例について調べたが、肝心の系図が見つからず、困り果てていた。そこへ、山家清兵衛が夢枕に立って、そのありかを教えたという。画も堪能であった村候の描いた山家清兵衛画像（金剛山大隆寺蔵）は、夢に現れた清兵衛の絵姿と伝えられる。

村候は山家清兵衛を追慕崇敬した。和霊神社を整備し、歌舞伎興行を許可し、風流《ふりゅう》（芸能）の出る武士・町人・農漁民総参加の盛大な祭り（和霊大祭）を始めた。爾来、祟り神であった「和霊様」は忠孝廉潔、民を慈しみ、助け導き、悪を挫き正義を見守る神、救世護国の神、産業振興の神として広く信仰を鍾《あつ》めるようになった。

村候が山家清兵衛を顕彰したのは、武と忠孝の奨励、すなわち士風の刷新という意図もあった。

楽山村候と桜田千本

伊達遠江守が汐留の仙台藩上屋敷に参向する際、駕籠（乗物）は表門に留めるのが慣例になっていた。仙台陸奥守が麻布竜土の宇和島藩上屋敷に参向の節は、玄関前敷石一二枚目まで駕籠を乗り入れるのが習いであった。

遠江守村候が「本末の争い」の後、陸奥守宗村に招待された時、あらかじめ家

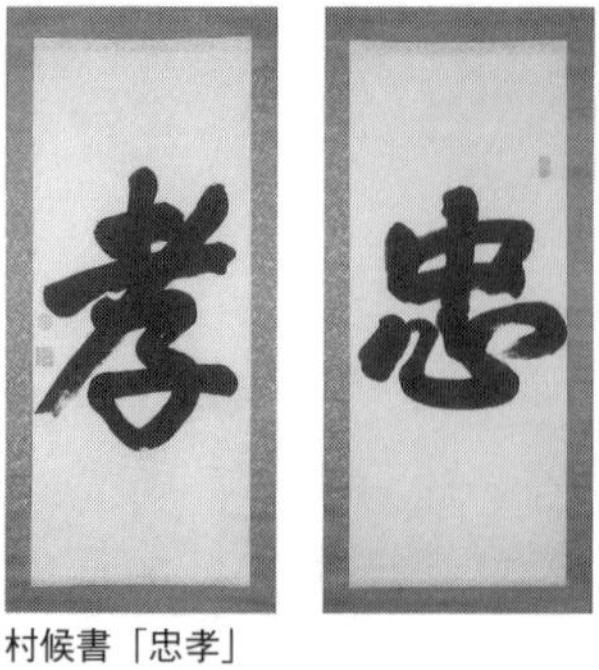

村候書「忠孝」
（宇和島伊達文化保存会蔵）

山頼和霊神社（宇和島市和霊町）

来に言い含め、門番が開門するや、それっとばかりに玄関前敷石八枚目まで乗り入れた。仙台藩の家臣があわてて引き留めると、村候は悠々と降駕し、以後、これが格例となった。

この話は近隣の町人にも知れ渡り、仙台藩の負けとして落首にも詠まれた。

仙台を井伊★伊達られて（言い立てられて）陸奥かしくいらぬ家老のしわざなりけり

我がものと仙台棒を食いすぎて糞をたれては伊達にならぬぞ

此の度は青山★の方の利運にて芝★のいほりもやけとなるらん

勝手本家たゝましくも井伊伊達て遠江やれや陸奥がまけたぞ

▼井伊
この一件には井伊掃部頭の肝煎りがあったと噂された。

▼青山
宇和島藩邸。

▼芝
仙台藩邸。

幕臣根岸鎮衛《やすもり》は、一〇〇俵か一五〇俵だかの小身から一千石取りに出世し、江戸のシンデレラボーイなどともいわれる。天明・寛政・文化年間に佐渡奉行、勘定奉行、南町奉行を歴任した。南町奉行に就任したのは六十二歳の時、驕《おご》らず威張らず、下世話に通じたお奉行さまは庶民の人気を集めた。

鎮衛は多年にわたって風評・伝聞を書きため、『耳嚢《みみぶくろ》』としてまとめた。怪談、奇談、珍談、教訓談、人情話、英雄豪傑の逸話など、『耳嚢』はいわば「お江戸のコラム集」である。

この『耳嚢』に村候も登場する。「巻の四　七十八　大名にその職量のあること」がそれである。村候の磊落《らいらく》で洒脱な一面を伝える逸話である。

伊達遠江守村候はたいへん面白い人だ。坊主になりたいと願ったが、叶うべくもないので、「鏡に向かって坊主に見えさえすれば気が済む」と鬢《びん》口を深く剃り上げ、大奴《おおやっこ》のような髪型をしていた。

諸侯のもとで能が催された時、三番目のワキは宝生新之丞という老人だったが、中入りに間があり、しばらく語りなどがあって、ワキはいかにも手持ち無沙汰と見えた。

そこで遠江守は、銚子と大盃を手に舞台に歩み寄り、新之丞の前に坐ると、

「さぞや退屈であろう。まあ、一杯呑め」

と、大盃一杯を新之丞に呑ませた。

村候は「楽山」と号して詩歌をよくし、数冊の歌集や漢詩集がある。佐賀鍋島家の護姫《もり》を妻とするが、護姫は和歌を夫の村候に師事した。村候添削の歌集一巻が残っている。村候は文芸を奨励したので、以前にもまして和歌が隆盛となった。

村候に重用された家老に桜田玄蕃親翰《ちかもと》がいる。村候が幕府の要職を招待した時、幕府老中から、宇和島藩士中、親翰が最初に盃を賜ったことが「御年譜微考」に書かれている。明和五年（一七六八）十一月二十八日、江戸で卒した。行年四十五。『鶴鳴餘韻』には、村候が親翰の死を惜しみ、自ら墓に詣でたとの記述がある。

村候自画像
（宇和島伊達文化保存会蔵）

親翰は「千本」と号して和歌をよくした。桜田千本、という雅号がすでに洒脱である。宇和島市内石引の谷に千本が建てた歌碑がある。

　山あひの海は扇のすかたにて波に絵かける富士の面影

この谷から眺める三浦湾を扇の形に見立て、海に映る三浦権現山を富士山になぞらえたものである。明和三年に建てたもので、宇和島最古にして愛媛県最古の歌碑である。高さ約一メートル、幅一五センチほどの石碑であるが、自作を碑にして残すというのも珍しい。藩政を論じるだけでなく、村候（楽山）と親翰（千本）はさだめし作歌で交歓したと思われる。

なお、親翰ら宇和島藩士が京都冷泉《れいぜい》家や里村家、大坂の俳句結社八千房や一炊庵の添削を受けていたこと、つまり通信教育で和歌や俳句を学んでいたことを示す史料が、平成二十一年（二〇〇九）に伊達家古文書の中から発見されている。

村候の歌を三首あげておく。

　さびしさのいつれはあれどをやみなきこの夕暮の春雨の空

　行く秋の名ごりを今日はいかにせんかたみに残せ庭の夕露

　見はつるも見はてぬもまたみな人の夢のうちなる夢と知らずや

石引の谷の歌碑

無月峠から望む三浦富士

武左衛門一揆

村候逝去の前年、寛政五年（一七九三）、吉田藩に一揆が起きた。以前から一揆は頻発していたが、これは前例のない大規模なもので、このとき吉田藩主は六代村芳《むらよし》であったが、一揆の解決にあたったのは主として宇和島藩であった。

寛政二年、吉田藩は紙座を設けて御用商人法華津屋に楮と紙の専売権を与えた。これにより、製紙産業に従事する領民の収入は激減した。領民は法華津屋を打ち壊して専売制を改めさせようとした。

一揆勢は、宇和島藩に訴えるべく伊吹八幡神社前の河原に集まった。その数七五〇〇〇人を超えたという。吉田藩家老の安藤儀太夫継明は急遽、八幡河原に出向き、暴徒の面前で切腹して果てた。継明は未曾有の騒動の解決に一死をもってあたったのである。

なお、この一揆を「武左衛門《ぶざえもん》一揆」とよぶのは、吉田領日吉村の百姓武左衛門（嘉平とも）が、桁打《けたう》ち（浄瑠璃語り）に身をやつし、三年間にわたって農家を戸別訪問し、大一揆をまとめあげたことによる。

宇和島藩は一揆勢の主張をすべて認め、一揆の主導者を処罰しないこととしたが、吉田藩は首謀者を執拗に探索し、姦計★を用いて武左衛門を捕え、斬首した。

▼姦計
役人は百姓らに酒を飲ませ、「あっぱれな一揆の指導者を士分に取り立てたいと考えている。だから懸命に捜しているのだ。誰なのだ？」と騙して武左衛門の名前と所在を訊き出した。

法華津屋三引本店
（吉田ふれあい国安の郷）

日吉村（現・北宇和郡鬼北町）は、武左衛門ら一揆の主導者を義農として崇敬顕彰している。安藤継明も、のちに安藤神社に祀られ、今も吉田町民は「安藤様」として崇敬している。

この事件に材を取った小説に、南條範夫の短篇「桁打武左衛門」がある。

伊達家の菩提寺

藩主とその家族は、四代村年までは主として龍華山等覚寺（臨済宗）を墓所としてきたが、五代村候は和霊廟（山家清兵衛墓所）により近い、金剛山正眼院（臨済宗）を自分の墓所とした。

正眼院は、村候の戒名大隆寺殿羽林中山紹興大居士から二字を取って金剛山大隆寺（臨済宗）と改められた。以後、六代村壽は等覚寺、七代宗紀は大隆寺、八代宗城は等覚寺、九代宗徳は大隆寺と交互に葬られた。

ちなみに、宇和島市民は等覚寺を龍華山、大隆寺を金剛山と山号でよび、決して等覚寺、大隆寺とは言わない。等覚は秀宗の、大隆は村候の戒名の一部なので、昔から遠慮して口にしないことになっている。

二代藩主宗利の正室稲子（大通院殿）の墓は、初めは市内野川の安国山大通寺（黄檗宗）に葬られたが、同寺が廃寺になったのちは、金剛山大隆寺に改葬された。

金剛山大隆寺

龍華山等覚寺（山門）

藩祖秀宗の側室で二代宗利の生母、淀殿（浅井茶々）の姪である於小奈★（宝地院殿）の墓は、霊亀山大超寺（浄土宗）に葬られている。

もう一つの伊達家菩提寺は妙長山法圓寺（日蓮宗）である。玉臺院殿（四代村年の室富子）、三代宗贇の側室で村年の生母にあたる梅香院殿、五代村候の側室で幕臣山口直清の母にして八代宗城の曾祖母の妙法院殿、六代村壽の側室で七代宗紀の生母の一雲院殿の墓がある。

法圓寺の前の神田川にかかる小さな橋を「御《お》通《とおり》橋」という。司馬遼太郎は『街道』で、この橋について概ね以下のように書いている。

「シーボルトの遺児イネ（楠本イネ）が神田川の三角屋敷に仮寓し、近くの村田蔵六（大村益次郎）の寓居を訪ねて勉強した。その教えぶりを見たい、といって宗城は毎日のようにかよった。勧進橋へまわるには遠まわりなので、粗末な橋をかけさせた。宗城はイネにもつよい関心をもった。あるいは性的な関心もあったかもしれない」

蘭癖の宗城が村田蔵六の講義に関心をもったのは当然であり、混血で美貌のイネに性的関心をもったかもしれないが、橋をかけさせたというのはあり得ない。勧進橋を通ると遠まわりにはなるが、時間にしてわずか数分の違いに過ぎないからである。藩主が墓参りのために通ったから、この橋は「御通橋」とよばれたのである。

▼於小奈
「御歴代事記」に「淀殿ノ姪御ニテ」とあり、浅井長政側室の女（むすめ）と推定される。

現・御通橋

④ 六代村壽の治世

村壽は藩士の減俸とリストラ、倹約令による財政再建を進めるが、これが刃傷事件に。倹約政策に異を唱える荻森宏綱は老中と衝突、老中宅に討ち入り、切腹を命じられる。隠居して大屋形様となった村壽は遊興三昧、美食三昧の平穏優雅な余生を送った。

伊達村壽

寛政六年（一七九四）、三十二歳で屋形様となり、文政七年（一八二四）までの三十年を在任したにもかかわらず、五代村候と七代宗紀という名君に挟まれたこともあって影の薄い藩主である。

村壽《むらなが》の藩政は、

①有能な藩士の登用

②厳しい倹約令、藩士の削減による歳出抑制

③商品作物栽培の奨励、製蠟・製紙・養蚕《ようさん》に関わる商人の運上銀増収による歳入拡大

④疲弊した農民への年貢免除、救い米などによる救恤

この四つを政策の基本とした。

倹約については、何度となく藩士の家禄から召し上げを強行し、時には家臣や奥女中の人員削減も断行した。これは後述する萩森部《はぎのもりしとみ》の刃傷事件の原因ともなった。

村壽の代に風水害が八回、旱魃が一回あり、損耗甚大であった。倹約令は農村に対しても出され、「昔は芋のしっぽまで残さず食べていたが、近年は両端を切り落としている、贅沢であるから古風を守れ」といった細かい内容であった。

倹約には自ずと限界がある。村壽は貨殖事業にも積極的に取り組んだ。代表的なものとして、大坂への青蠟《あおろう》の販売促進のほかに、生糸・和紙・塩・砂糖・炭、酒・酢・醤油・味噌の製造、蠟の原料の櫨《はぜ》の植樹、和紙の原料の楮の植樹、椎茸・紫根《しこん》・菜種の栽培などがあった。

貨殖事業は商人資本への富の集中という弊害があり、藩財政再建には商業の抑制を図る必要があった。文化八年（一八一一）に始まった貨殖事業は、同十二年六月十七日、「一切相止めらるゝ」ことになる。

若年寄武田蔵人は、貨殖事業は今日の時勢に必須であり、これなくしての財政再建は架空の論である、と説いた意見書を老中に提出した。元締役小波《こなみ》軍平は「存慮書」で、新たに課税対象を見直して税の増収を図る提案をした。国益思想の始まりである。武田、小波らは藩の「御内用」（財政）に出精した。

文化五年、伊能忠敬一行が測量に来た。同七年、松山領から三机浦に出漁しているのを禁じた。同八年、精蠟と櫨の実を一切、藩庫に納めることとした。同十年、蠟の自由販売を許した。分一銀制（運上銀制）を強力に実施し、番所を新設した。同十一年、河原淵組で内竏検地を実施した。寛文検地の六尺竿を正保検地の六尺三寸竿に戻し、鬮持制に準じるものであった。同十一年、東海道の河川改修工事（御手伝普請）を命じられ、一万五三〇〇両を要した。同十三年、再び東海道筋の河川改修工事を課せられ、一万二八〇〇両余を支出した。

文化十四年夏帰国し、病気を理由に嗣子宗紀《むねただ》に政務を代行させた。文政七年（一八二四）九月十二日、致仕して左京大夫となる。天保七年（一八三六）三月十日、病没。

村壽は、寛政七年に藩校内徳館を敷教《ふきょう》館と改称し、古学派に代えて朱子学を導入した。文政二年には学制を改め、明倫館と改称している。

六代伊達村壽

生年：宝暦十三年一月四日？（一七六三年二月十六日？）
没年：天保七年三月十日（一八三六年四月二十五日）
実父：伊達村候
生母：正室鍋島宗茂の女護子《むすめもり》
正室：仙台七代藩主伊達重村の女順子《むね》

村壽の墓（龍華山等覚寺）

萩森騒動

文化九年（一八一二）の萩森《はぎのもり》騒動は、財政再建をめぐる重臣たちの意見の対立から発生した刃傷《にんじょう》事件である。

藩が差上銀《さしあげ》（献金）を領内に命じ、家臣には五カ年の半知借上《かりあげ》を命じ、藩札を濫発《らんぱつ》したため、両替のための正銀《しょうぎん》が不足し、藩札騒動も起きるなど、家臣も領民も困窮にあえいでいた。

十一月二十日、この問題について藩庁で協議があり、老中稲井甚太左衛門が五カ年をさらに三カ年延長する案を出した。家中一同は沈黙した。そこへ、番頭《ばんがしら》の萩森蔀《しとみ》宏綱が、

「半知借上といい、差上銀といい、これまでの倹約にどれほどの効果があったか伺いたい。下士層の者たちに差上米を申し付けられては、日々の暮らし向きも立たず、役目も相成らず、迷惑至極」

と反論した。

「百石以上の家中は向後、三年間、知行を返上し、扶持米《ふちまい》としては如何《いかが》か。拙者は四百八十石を給されているが、十人扶持が貰えれば現在の役職を務める覚悟がござる」

「貴公は医者の子ゆえ何もわからんのだ」

稲井は一蹴した。蔀は医師浅野洞庵の弟で、萩森家に養子に迎えられていた。

「萩森、そこまでいうなら貴公、身代残らず差し上げられるがよかろう」

衆人環視の中で面罵した。

心中穏やかならぬ萩森宏綱はこの日、重役の小梁川《こやながわ》主膳と面談し、稲井の無能を言い立てたが、主膳は「気持ちはわかるが」と慰め、家に帰した。

翌日の夕刻、再び小梁川を訪ねると、稲井邸に出かけたとのこと。さては稲井に密告に行ったか、と宏綱は手槍《やり》をたずさえて稲井邸に討ち入った。

来訪中の井関徳左衛門が手槍を取り上げようとして揉み合いになり、宏綱は脇差しで井関の面体に斬りつけた。さらに小梁川主膳と甚太左衛門にも斬りかかった。この夜は稲井邸で勉強会があったので来訪者が多く、その中に文武の達人中川幸八がいた。宏綱は中川にあえなく取り押さえられた。

十二月二日、翌年から三カ年の倹約令が出されたが、半知借上は三歩借上に変更された。十七日、家中に対する借下米、借下銀はすべて引き捨てとされた。

翌年の二月九日、

「老中（稲井甚太左衛門）を侮《あなど》り、上《かみ》を軽んじ候致方《いたしかた》、其上《そのうえ》井関徳左衛門へ手《て》疵《きず》を負はせ、重々不届き」

とのことで宏綱に切腹が命じられた。一方、小梁川は二十石加増されて百四十二石八斗、井関も二十石加増で百石となった。

切腹は絶えて久しいことで、急遽、切腹執行の役人に松岡五太夫を任命し、諸事調べさせた上、五太夫は絵図面を作成し、式例に則った荘厳な切腹となった。

夕刻、切腹の場とされた妙長山法圓寺に、役人と萩森の親戚からなる行列が続いた。境内には切腹用の仮屋が建てられ、大篝火《かがりび》が焚かれた。火事と見誤らぬように、と事前に太鼓番へ報せる念の入れ方であった。

寺僧が読経する中、宏綱は「常態の顔色」で従容《しょうよう》と切腹に臨んだ。

田宮流の達人大久保七太夫が「介錯は拙者が仕《つかまつ》ります」と告げると、宏綱はただ一言、

「安心」

と答えた。

宏綱行年三十六歳。萩森家は断絶、家財一切没収、いわゆる闕所《けっしょ》となった。宏綱の室は実家の多都味《たづみ》家（田都味とも）に戻った。

死後、家中や町方の多くが法圓寺の墓に参拝した。藩はこれを禁じたが、夜中に忍び参りする者があとを絶たなかった。小身の者を擁護する発言、身命を賭しての討ち入り、藩札が正銀と両替できるようになったことなどから、宏綱の霊は萩森様として崇められ、萩森神社に祀られた。世直しの流行神として末社は遠く上方にも及んだ。現在、宇和島市御殿町（市立宇和島病院本館あたり）にあった

萩森宏綱切腹の法円寺。瓦に「九曜紋」、梁に「竪三引両紋」が見える

萩森宏綱の墓所

萩森神社は、廃社されて跡かたもない。

村壽は引退の前年「格別の御吟味」をもって、切腹の年に妻が産んだ宏綱の忘れ形見、十一歳の栄之助に萩森の家名を継がせた。

迷惑な伊能忠敬の測量

伊能忠敬一行一六名が宇和島にやって来たのは、文化五年（一八〇八）の夏である。

土佐の海岸を測量した忠敬は、閏《うるう》六月一日に深浦（現・南宇和郡愛南町）を出発、二十二日に宇和島城下に入った。二十五日に宇和島を発し、七月一日、高山浦（現・西予市）で測量が行われた。

陸上に七九五人、船九四隻、合わせて九三一人が作業に従事した。地元からは事前に資料・図面が提供されており、作業当日は人海戦術で協力にあたったが、この日、忠敬は持病の瘧《おこり》のため、何をするということもなく沖を素通りしただけであった。

高山浦の負担は、出役が三二九七人役（一軒あたり一〇人役）、米と銀札合わせて四貫一四五匁、これは年貢の四割に相当した。このうち藩は三割を補助、残りは地元負担で、高山浦は実に年貢の四分の一を費消した。

七月六日、一行は八幡浜に入り、佐田岬を廻航して東進し、讃岐に入国したのは九月十日である。宇和島領内の海岸線は複雑に入り組んだリアス式であるため、吉田領を含め正味二カ月を要した。

一行の接待に藩は大いに気を遣った。宿泊の部屋は一軒に六間を用意し、手狭な時は二軒三軒でもよく、寺院でもよい。お菓子は部屋ごとに用意すること。食事は、城下お泊まり・ご出立《しゅったつ》の際は、上下差別なく一汁五菜、通行中は一汁三菜、昼食は煮魚、煮染の類を差し出すこと。膳椀は上下の差別なく朱か黒、粗末なものはいけない、などとという大仰《おおぎょう》なお達しであった。

宇和島藩領の測量は幸いに好天続きであったが、暑中なので賄いには頭を痛めたという。測量が無事終わるよう和霊様に願をかけていた庄屋一同は、七月二十五日、御願《おがん》解きに参籠《さんろう》した。

測量結果は極秘、完成した地図も幕府の最高機密とされた。地元には何一つ利益もなく、藩も地元も不時の出費に苦しんだ。

村壽の肉声

村壽厄年（四十二歳）の享和四年（一八〇四／二月十一日に文化と改元）正月、高山本浦の猪右衛門が米寿になり、妻のはなも八十三歳で息災。そこで、殿様に祝いの記念品を献上することになった。一月三十日、代官所へお伺いを立てると内諾があり、二月朔日《ついたち》に口上書を差し出すと、即日お聞き届け。三日、息子の吉右衛門が「斗掻《とか》き★一本、茶袋★一つ、生鯛二尾」を郡《こおり》奉行所（御郡所《おぐんしょ》）へ届けた。五日、代官中田久左衛門から、後日両名を役所によぶことになるが、参上できるか否か、との下問。

「父親は少々歩けますが、つくばむ（伏す）ことはかないません。母親は元気です」

と庄屋の九郎治が返答。では、夫婦を召し連れて来いということになった。十日の朝、代官のところへ行くと、「御郡所で吟味役都筑九右衛門の指示を仰ぐように」というので、郡所へ行ってみると、都筑が「五つ半（午前九時頃）にお館に連れてまいる、そこにはお奉行の小梁川様がおられるので、そこで指図がある」とのこと。

郡所で記帳をした。

高山浦長寿
　猪右衛門
　妻　はな
　悴　吉右衛門
　　与助

▼斗掻き
枡で穀類を量る時、盛り上がった部分を平らに均（なら）す棒のこと。

▼茶袋
茶を煎じるための袋。米寿の祝いに近隣に配る風習があったようである。

一行はお館のご門からお庭のお目通りの場へ罷り出た。で、殿様のお目通りとなった。

九郎治の記録によれば、正午過ぎ、お庭には奉行小梁川、吟味役都筑、郷目付伝右衛門が居並び、お指図があった。

裃姿の殿様は、日頃武芸をご覧になる小座敷に端座され、一同が出ると、

「老人よく出た、達者な、これへこれへ」

一同、へへーと平伏し、はなが少し下がったところでつくばんでいると、

「ばばもこちらへ出よ」

お目見えが済むと、

「退屈であろう、下がらせよう、進み立て立て」

猪右衛門が杖にすがってしばらく歩くと、

「もはや大儀にあろう。幕の内にさがってよい」

と仰せになり、お立ちになった。

ご褒美があった。夫婦へ銀札三両、包み熨斗《のし》付き。このほか、わらび餅、酒、砂糖、鯛三枚、米、大浦の町宿三間屋でのお料理の招待。

村壽の言葉は九郎治の耳に、

「老人よく出た、達者な、これへこれへ」

と聞こえたのであるが、歌舞伎のせりふを想わせ、たいへん興味深い。

伊能忠敬の測量騒動、猪右衛門の米寿祝い、いずれも「高山浦田中家文書」にある。『宇和島藩領　高山浦幕末覚え書　ある古文書所持者がしたこと』の著者田中貞輝氏（田中家子孫）は村壽の言葉を、殿様の肉声の記録として珍しいものではないだろうか、としている。

主要産業の推移

大坂方面へ出荷された干鰯《ほしか》については宗贇のところでふれたので、農林業について言及する。

紙の製造は江戸時代の初期から山間部で盛んであり、野村組（現・野村町）、山奥組（現・城川町）、河原淵組（現・松野町、鬼北町）の村々では楮を原料とする泉貨紙や半紙を製造していた。二代藩主宗利の天和元年（一六八一）、藩は楮元銀（原料購入資金）の貸付制度を始めている。元禄元年（一六八八）から延享二年（一七四五）、藩主でいえば宗利、宗贇、村年、村候の時代にかけて断続的に専売制とした。

宝暦四年（一七五四）から天明元年（一七八一）（村候の時代）に専売制を復活し、村壽の時代である文化十一年（一八一四）以後も専売制とした。その生産量は、享保の末頃は三〇〇〇束に満たなかったが、百年後の弘化年間には八〇〇〇束を超え、明治初年にいたっては泉貨紙三万三〇〇〇束、半紙七万八〇〇〇束、その他一七万七〇〇束と爆発的に増えた。

延享二年、唐櫨《とうはぜ》の種子を領内に配布し、栽培を奨励したのが製蠟業の始まりである。宝暦四年、村候の時には三商人に晒し蠟、蠟燭の「櫨実晒座《ろうじつさらし》」（製造権者）を認可し、唐櫨・山櫨・漆の実の領外販売を禁止した。

安永十年（一七八一）には一二の青蠟座を認め、原料、製品の価格を決めた。天明二年には領外への販売を始め、寛政三年（一七九一）には大坂の豪商二軒を問屋に指定した。文化十二年には最初の専売制をしき、農民の抵抗にあいながらも、以後、四回にわたる専売制によって藩に利益を吸収した。蠟は藩が富国強兵策を進めるための有力な財源となった。

木綿生産は農民の副業として七代藩主宗紀の天保年間に普及し、綿座、木綿座がおかれ、その生産量は宗城、宗徳の時代である文久三年（一八六三）には五万反にのぼった。製品は藩が江戸に向けて独占販売していたが、幕末には綿替商★が生まれ、九州へも送られた。

▼綿替高
木綿取扱い業者。

これも宇和島

文久三年の十五夜

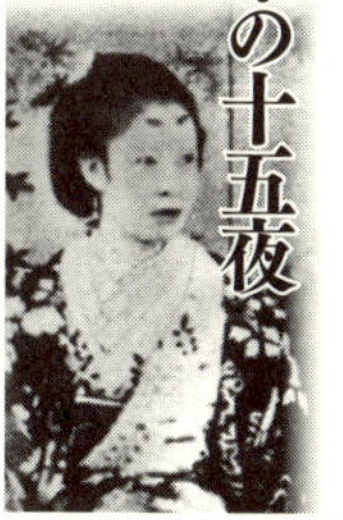

（宇和島伊達文化保存会蔵）

宇和島市立伊達博物館に、九代宗徳の継室として、秋田久保田藩二十万石佐竹家から嫁いだ佳姫（写真）の乗物（駕籠）が常設展示されている。この、月丸扇紋の華麗な女乗物を見る人の多くが、「なんとまあ、この駕籠に乗って秋田からはるばる宇和島へ」と嘆声をもらす。

佳姫は、江戸の久保田藩邸（現・大江戸線新御徒町駅近くの佐竹商店街あたり）から、麻布の宇和島藩邸（現・港区六本木の国立新美術館あたり）へ輿入れした。大名の正室と子が江戸に住むことは中学校で習ったはずだが、秋田からはるばる宇和島へ、とたいていの人が思ってしまうのが面白い。宇和島で観るからだろう。また、佳姫の豪華な婚礼調度品が数多く保存されているが、さだめし佐竹家の財政を圧迫したのではないかと思われる。

佳姫は写真が残っているが、知的な美人であり、快活な表情をしている。自筆の和歌を一首紹介する。秋の草花をあしらった美しい料紙に流麗端正な変体仮名でこう書かれている。

よ志子
も帝者や須
秋の最中能
都支な連は
四方耳
三ち多流
飛か里と楚
し累

佳子和歌（宇和島伊達文化保存会蔵）

文久二年（一八六二）閏八月二十二日、幕府は参勤交代制度を大幅に緩和し、大名家の夫人たちは夫の領地に帰ることが許された（江戸を離れるのを嫌がる夫人もいた）。

この緩和政策は、島津久光が松平慶永と一橋慶喜に献言して実施されたものである。参勤緩和で浮いた費用を各藩は砲台建設、武器調達など海防にあてるべきである、というのが久光の主張であった。参勤交代は三年に一度と改められたが、事実上、この制度は崩壊した。元治元年（一八六四）の禁門の変の後、将軍慶喜は年一度に戻したが、大名は江戸に戻らなかったからである。

江戸の宇和島藩邸には麻布の上屋敷に八代藩主宗城夫人と九代藩主宗徳夫人、広尾の下屋敷に七代藩主宗紀夫人が住んでいた。

宗紀夫人は観姫、宗城夫人は猶姫、宗徳夫人は佳姫である。この三夫人は、文久三年に相次いで宇和島入りするが、観姫は文久三年一月四日、佳姫は四月二十六日に帰国している。

もてはやす秋の最中の月なれば四
方に満ちたる光とぞ知る

これは佳姫が文久三年の八月十五夜に詠んだものである。したがって、宇和島の地で最初に眺めた仲秋の名月を詠んだということになる。

ちなみに、左は猶姫の十五夜詠である。

花にこがれ雪に愛づれど秋の夜のさや
けき月に如くものぞ無き

これも宇和島

八面屋奮戦す!?

――江藤新平の宇和島潜入

宇和島城下の東側に、標高一〇〇〇メートルを超える鬼ケ城山系が聳える。近年は南予アルプスともいって多彩な登山コースに人気がある。

天保十一年（一八四〇）、宇和津彦神社の左手の登り口から梅《うめ》ケ成《なる》峠を越え、滑床《なめとこ》渓谷に降りて松野の目黒にいたる道路が完成した。西土佐地域との交易のための産業道路である。工事に伴う経費は藩内の町家有志が醵出《きょしゅつ》し、一年の歳月を費やし、約八三〇〇人が土木作業にあたった。現在は人が歩けるに過ぎないが、荷駄を積んだ牛馬の通行が可能であった。

滑床渓谷下流の万年橋のたもとに、開通を記念して刻まれた石碑がある。碑文と書は、勤王僧で、宗紀、宗城の信任篤かった金剛山大隆寺の晦巌和尚によるもの。地方の交通・産業史上、貴重な資料とされる。

――佐賀戦争に敗れ、土佐に逃亡する江藤新平はこの街道を辿れなかった。

明治七年（一八七四）三月十五日の夕刻、御浜《おはま》の置屋兼料理屋の灘屋の松吉に、袋町の島屋からお座敷がかかった。客は加藤太助と名乗る東京の商人で、手代二人を伴っていた。佐賀県下賊徒が愛媛県に潜入するおそれがあるとのお達しがあったが、松吉は加藤主従が江藤一味かどうか半信半疑だった。加藤は酒が入ると、東京で流行っているという都々逸《どどいつ》を夜が更けるまで唄った。

明晩も来い、というので翌夕、松吉が出向くと、島屋は大騒ぎになっていた。加藤ら三人が逃亡したという。置きっぱなしの舶来行李《トランク》を県の役人が開けると、上等の洋式衣類が出てきた。まさしく手配中の江藤新平一味である。すわこそと邏卒が追捕《ついぶ》に奔《はし》った。

江藤主従は追手門近くの木屋という饅頭屋で餅を買い込み、鬼ケ城山へ向かって逃走した。大超寺奥の藤某という者に道を尋ね、けもの道を登攀《とうはん》した。山は雪になり、街道ならわずかに半日の行程を、白銀の山中を三日三晩彷徨した末、滑床から目黒を経て松野町松丸に辿りついた。

松丸の天満神社の近くに八面屋こと松岡定吉という御手先《おてさき》（目明し）がいた。網をはっていると、目黒へ向かう三叉路のあたりで江藤新平（らしき者）と遭遇し、大捕物になった。

八面屋は着衣を数カ所切られ、左手の指に薄手を負い、髷も切られ、取り逃がした。八面屋の奮戦は愛媛県少属の黒川、権少属の土屋の報告書にあり、仮名垣魯文も「佐賀電信録」なる観戦記にこの一件を書いているから、まんざら嘘ではあるまい。

その後、八面屋は指の傷を見せてはあちこち自慢して歩いた。辟易され、

八面屋　七面倒のないうちに
九面《くめん》をつけて　五面蒙れ

という戯れ歌が流行った。

実は八面屋、打ちかかろうとして一喝され、足が萎《な》えて溝に転げ落ちたともいう。

芸者松吉については史料が見当たらない。口碑である。

第五章　幕末・維新期の宇和島藩

激動・混沌の幕末、西国の伊達は国事の表舞台・裏舞台に活躍する。

①

宗紀・宗城・宗徳の時代

記録的長寿の七代宗紀は、寛政年間から明治にかけて激動の一世紀を生き抜く。
藩債整理を断行し、倹約と殖産振興により蓄財に成功、宇和島藩を西国の雄藩に。
絶倫老公春山は書家としても高名で、孝明天皇と明治天皇から硯を下賜された。

父子三代体制

長男が一歳、二男が二歳で夭折し、三十代半ばになっても嗣子に恵まれなかった宗紀《むねただ》に、文政九年（一八二六）冬、薩摩の島津重豪《しげひで》の五男虎之助を養子にどうか、と幕府から提案があった。秀宗から二百年、実子相続もしくは仙台伊達家からの養子相続で続いてきた宇和島伊達家としては迷惑な話である。宗紀は側室の懐妊などを理由に断った。

宗紀は翌年、老中水野忠成に後継者問題について相談した。将軍（家斉）の子との養子縁組につき、その提案の可能性の有無、断れるかどうかといった内容である。

深刻な問題であった。そこで、文政十二年四月十一日、三千石の幕府旗本山口相模守直勝の二男亀三郎を養嗣子として迎えた。のちの宗城《むねなり》である。山口直勝の

宗紀所用の鎧

七代宗紀所用の鎧は「藍白地黄返小桜染革威鎧」といい、絢爛豪華をきわめた美術工芸品である。一見、源平時代の鎧を想わせるが、新旧の時代様式を混用し、装飾金物を多用、金工・漆工・染織り・皮革などの工芸技法が、丁寧・繊細・緻密に施されている。
兜の前立ては大鍬形（くわがた）と瓢箪（ひょうたん）で、この瓢箪は豊臣秀吉の千成瓢箪の一つで、現存する唯一のものといわれる。瓢箪は秀宗が賜ったものであろうが、七代宗紀が宇和島伊達家と太閤秀吉との縁を誇

父直清は五代村候の二男で、山口家に養子に入っていた。宗紀と直勝は従兄弟にあたり、宗城は村候の外曾孫《がいそうそん》にあたる。

翌年、宗紀に三男扇松丸（のちの宗徳《むねえ》）が生まれた。宗紀は天保八年（一八三七）、宗徳を宗城の養嗣子とした。

幕末から明治にかけての宇和島藩は、七代宗紀と養嗣子の八代宗城、宗紀の三男で宗城の養嗣子の九代宗徳、この父子三代によるいわばトロイカ体制であった。

安政の大獄で宗城が依願隠居すると、宗徳が屋形様に、宗城が大屋形様に、宗紀は御隠居様になった。隠居して春山《しゅんざん》★と号した宗紀の威光は燦然《さんぜん》たるものがあり、宗城も宗徳も春山を措いて事を進めることはできなかった。

宗徳が萩（長州）藩主毛利斉元《なりもと》の二女と結婚すると、宇和島藩江戸屋敷は宗紀夫婦、宗城夫婦、宗徳夫婦の三竈《さんそう》体制となった。それぞれに家臣が付き、それぞれの夫人に奥女中が付いたので、財政負担も大きかったが、宗城は藩政の各般を掌握し、宗紀は幕閣や諸侯との交渉にあたるほか、宗城帰国中は重要な政務を指導した。宗徳は主として幕府への勤仕や諸大名との交際を担当した。

七代伊達宗紀

生年：寛政四年九月十六日（一七九二年十月三十一日）
没年：明治二十二年（一八八九）十一月二十四日
実父：伊達村壽

りにしていたことも窺われる。天保十年（一八三九）、将軍家お抱え甲冑師岩井与左衛門隆成によって製作された。春日大社に奉納されている大鎧を模したので、「春日野鎧」の別名がある

（宇和島伊達文化保存会蔵）

▼春山
「花と見し雪こそ消ゆれ雪と見む花の春たつみよしの〻山」——この古歌により春山と号した。

生母：側室田中氏の女《むすめ》なを
正室：鍋島★治茂の女観《みよ》子

八代伊達宗城
生年：文政元年八月一日（一八一八年九月一日）
没年：明治二十五年（一八九二）十二月二十日
実父：山口直勝
生母：側室蒔田広朝の女
正室：鍋島斉直の女猶《なお》子

九代伊達宗徳
生年：文政十三年閏三月二十七日（一八三〇年五月十九日）
没年：明治三十九年（一九〇六）十一月二十九日
実父：伊達宗紀
生母：側室吉見氏の女幾島（千嘉《ちか》）
正室：毛利斉元の二女孝子
継室：佐竹義厚の長女佳子

宗紀の藩政改革

▼佐賀藩鍋島家との縁戚関係
五代村候夫人の護（もり）姫は佐賀五代藩主鍋島宗茂の女で、寛延三年（一七五〇）に十五歳で輿入れし、十三年後に六代藩主となる村壽を生む。七代宗紀夫人観（みよ）姫は佐賀八代藩主治茂の女で、治茂は護姫の弟にあたる。観姫は十八歳で輿入れした。

八代宗城夫人の猶（なお）姫は佐賀九代藩主斉直の女。文政十年（一八二七）から天保七年（一八三六）まで福山六代藩主阿部正幸の正室、離婚後、天保十一年七月四日、伊達家記録では二十九歳、鍋島家記録では三十二歳という大年増で輿入れした。宗城の七歳あるいは十歳年長になる。猶姫はやす子ともいい、宗城は日記に「御前様」と表記、夫婦仲は円満であった。観姫と猶姫は伊達家では嫁姑、鍋島家では叔母と姪の間柄。江戸屋敷では一緒に過ごす時間も多かったという。

9代藩主宗徳肖像
（宇和島伊達文化保存会蔵）

文政七年（一八二四）九月十二日、三十五歳★で襲封した宗紀は、翌月から以下のような改革を実施している。

十月十八日、郷中へ無益の遊民の滞在を禁止する告諭、十一月十三日、江戸城のお城坊主への下し物の節約について直書《じきしょ》、同二十日、家中へ文武出精並びに倹約につき詳細な諭示《ゆし》、同二十四日、郷中へ賭博及び富（籤）に類するものの禁止を諭示、同二十八日、郷中へ無免許の医師の取り締まりにつき諭示、十二月十二日、家中・郷中・市中に奢侈の禁止及び勤勉の奨励、風俗の淳良なることを諭示。

文政八年、藩士に対し、五カ年の厳略（奢侈禁止、倹約奨励）を命じ、知行を五割用立て（借上げ）とした。五年後、五割用立てを三割とし、なお五カ年延長した。宗紀は、家中、領内に繰り返し倹約を命じた。奥向きの諸費や参勤交代の費用を節約する一方、率先垂範して自身の衣食も厳しく倹約した。平服は木綿、一汁一菜、酒は銘酒を地酒に、酒宴の肴は一種限りというぐあいである。

ほかに、役方の臨時勤務の褒賞を禁止、郷中からの贈収賄を禁止、新築家屋の分不相応を諌めた。また、夫婦離別を人道に外れるとし、「愛父母敬兄長」を慫慂《しょうよう》した。

藩財政の最大の懸案は、二〇万両にのぼる大坂の商人からの借財であった。文政十年、幕命による上野の常憲院殿の霊廟修復に一万三〇〇〇両を費消するに及び、ついに宗紀は文政十一年、二十年以上前の借金は帳消し、残りは無利息二百

▼三十五歳
宗紀の年齢は「官年」。寛政四年（一七九二）生まれ（一歳）とされるが、同七年に六歳として届け出（「丈夫届」）ており、表向きの年齢（「官年」）は二歳年長になっている。没年の明治二十二年（一八八九）に百歳の祝をしており、明治天皇からも下賜品があった。

年賦★という破格の藩債整理を英断した。内用（財務）担当の武田仁右衛門が大坂から帰ると、宗紀は人払いしてその復命を聞いたという。

銀札の三分の一切り下げも断行した。三分の二を借り上げとし、三分の一を兌《だ》換《かん》するものであるが、銀札は信用を失っていたので、大きな騒動にはいたらなかった。天保六年、新町に融通会所を設置し、資金として米五〇〇俵を給付して商業の振興と統制を図った。同九年、上士小池九蔵と下士若松総兵衛を農学の権威佐藤信淵に入門させた。同十一年から弘化三年（一八四六）にかけて内竿検地を実施し、無年限の定免制を命じて農村改革を図った。

若松総兵衛は主として藩の農政改革にあたった。信淵直伝の朝鮮人参の植付けを試み、津島組御内《みうち》村槙川《まきがわ》で栽培に成功して「人参代官」とも呼ばれた（根菜類の人参は胡蘿蔔《こらふ》と称した）。小池九蔵は農業技術の指導にあたった。

宗紀の治世中、一揆は九件あったが、郷中頭取に抜擢された松根図書が調査、教導、処分にあたった。

貨殖事業にも力を入れ、紙専売制を継承し、木綿、木蠟の専売制を導入した。塩、鯣《するめ》の座など水産加工品による収益も図った。

天保七年には美濃・伊勢の諸川堤防修築工事に一万四二〇〇両を費やしたが、宗紀の引退時には藩庫に天保小判（保字《ほうじ》小判）で六万両が蓄積されていたという。これが八代藩主宗城の富国強兵や国事斡旋の財政基盤となった。

▼年賦
年払い。二百年賦は事実上の踏み倒し。

「史跡融通会所之跡」の石碑
（伊予銀行宇和島支店敷地内）

宗紀は人材の育成にも熱心で、国内留学や修業を支援した。賞罰を明確化し、文武に長けた者、産業に功績ある者を褒賞した。しばしば武術を上覧し、軍事改革では最新の砲術の導入、火薬製法の研究、火薬製造場の設置など、その充実につとめた。

宗紀は、村壽が側室田中氏の女《むすめ》なをに産ませた庶子である。村壽正室の順子《むね》に男子がなかなか恵まれないので、男子誕生の場合は二男になるという条件付きで、寛政十年（一七九八）に嫡子扱いになった。順姫の実家である仙台藩に相談した上での措置である。なをは寛政八年に亡くなり、順姫も宗紀を養育したいと村壽に申し出たという。

翌年、順子に男子村明《むらあき》が生まれたので二男となったが、村明が十歳で夭折すると、宗紀は再び長男となり、文化七年（一八一〇）、二十一歳で正式に伊達家の嗣子（御曹司様）として幕府に承認された。

このような事情があったので、自分を引き立ててくれた村壽への感謝の念はひとかたならぬものがあった。朝起きると、まず小姓に尋ねるのは大屋形様村壽の体調で、村壽のご機嫌伺いを済ませないで食事をすることはなく、村壽への料理は必ず宗紀が吟味した。小姓が宗紀の確認のないまま食事を差し出した時は、珍しく叱りつけた。

在国の時には、能好きの村壽のために能を頻繁に催し、一流の能楽師を招いて城下に住まわせた。趣味の楽焼きの相手、狩りの案内、船遊びの案内、鳥料理を献上するための猟に出るなどした。吉田藩から一四九羽の小鳥（食用）が届けられた時は、自ら選別して献上した。このほか、参勤交代の帰国途中、讃岐の金毘羅宮で村壽のためにお守りを求めるなど、孝行の逸話は枚挙に遑《いとま》がない。

天保七年（一八三六）二月、江戸にあった宗紀は村壽重体の報に接すると、十日に江戸を発駕、二十六日に宇和島に着いた。帰国には早くて二十六日、遅い場合はその倍を要したから、異例の速さである。村壽は宗紀に看護され、三月十日、七十四歳で長逝した。

宗紀は文政十二年（一八二九）八月十五日、庭に雀が多いのを見て、野場《のば》（藩の禁猟区）の野廻り（管理人）に雀が農作物を荒らしてはいないか確認させた。野場の影響で作物に被害が出ては済まないとの配慮である。

以下は、兵頭賢一の古老からの聞き書き――。

収穫の頃、領内を巡視していた宗紀が、蓆《むしろ》を敷いてあるところに行きかかると、それをさりげなくよける。お供の者が、

「およけにならず、お通り遊ばしては」

というと、

「一粒の麦もいわゆる粒々辛苦の結実であるのに、それを土足にかけては百姓らに相済まぬではないか」

これを耳にした百姓たちは畏れ入って土下座した。
明治の初めの頃、「ご厚恩に酬いるため、御隠居様ご一生の間、年々米一俵を献上させていただきます」と申し出て、薨去《こうきょ》まで献上を続けた農夫もいた。

春山（宗紀）は広大な浜御殿の敷地の一部を隠居所とした。文久二年（一八六二）、潜渕館《せんえんかん》を建築し、翌年に造園を起工した。造園作業には領内の有志多数が協力した。慶応二年（一八六六）に竣工した池泉廻遊式の庭園は面積三八〇〇坪ほどの、十万石には過ぎた大名庭園で、国指定の名勝になっている。

庭園の主体は広い池で、屈曲の多い汀線《ていせん》は変化に富んでいる。伊達家の祖先が藤原氏であることから多くの藤棚があり、太鼓橋式の藤棚にかかる白玉藤《しらたまふじ》は見どころの一つ。家紋「竹に雀」にちなみ、様々な種類の竹が池を巡るように植栽されている。六月上旬頃、満開になる花菖蒲もみごとである。

天赦園《てんしゃえん》という命名は、伊達政宗晩年の漢詩「酔余口号《すいよこうごう》」★にちなんだものである。

馬上少年過グ　世平カニシテ白髪多シ　残軀ハ天ノ赦ス所　楽シマズシテ是ヲ如何セン★（楽シマザルハ是レ如何）

少《わか》い頃から戦場に明け暮れたが、世の中が平和になってみると白髪の老人である、老後は天も赦《ゆる》してくれるだろうから遊び暮らそう——という意味である。

質素倹約で頑張ってきたが、蓄財もできたし、そろそろ贅沢してもいいのではないか、ということで春山は庭園を造営し、政宗の漢詩に肖《あやか》って天赦園と名づ

天赦園

▼酔余口号
酒に酔った時、即興で作る漢詩のこと。政宗は晩年の元和七年（一六二一）、酔余口号と題して漢詩を二つ作っている。

▼
馬上少年過
世平白髪多
残軀天所赦
不楽是如何

けた。
明治七年（一八七四）から四月と五月には一般の拝観や茶室の使用を許し、酒肴を持ち込むのも、歌舞音曲も勝手次第とした。庭に人々が入るのを縁に出て眺めることもあった。入りかけた人々が春山を見てまごまごしていると、「通れーっ」と声をかけたという。

宗紀は能筆家としても有名で、伊達家には天賜の硯《すずり》が伝えられている。箱の蓋の裏書きに「天賜硯　従四位　藤原宗紀」とある。伊達氏は藤原一族の末裔なので宗紀は藤原姓を用いている。孝明天皇から下賜されたものと考えられる。

春山の書を欲しがる者も多かった。明治十六年十二月十二日（九十四歳）、市中に出回る贋作《がんさく》を見て、「実によく似せたものである」と苦笑した。

宇和島伊達文化保存会に「御書願　覚」という文書が残っている。春山百歳の長寿に肖《あやか》り、その揮毫《きごう》を所望する人々を列記したものである。勝海舟、藤堂高潔《たかきよ》、松平慶永、島津忠寛、徳川達孝、黒田清隆、浅野長勲《ながこと》、三条実美、佐野常民、鍋島直彬、北白川宮殿下、有栖川宮殿下、大隈重信など五十余の名前がある。

宗紀は烈公徳川斉昭を小石川の水戸藩邸に訪ねたり、書翰を往復して国事を相談した。宗城もまた烈公に兄事《けいじ》し、傾倒心酔し、烈公を「神州之御柱石《ごちゅうせき》」とまでいっている。

天賜の硯（宇和島伊達文化保存会蔵）

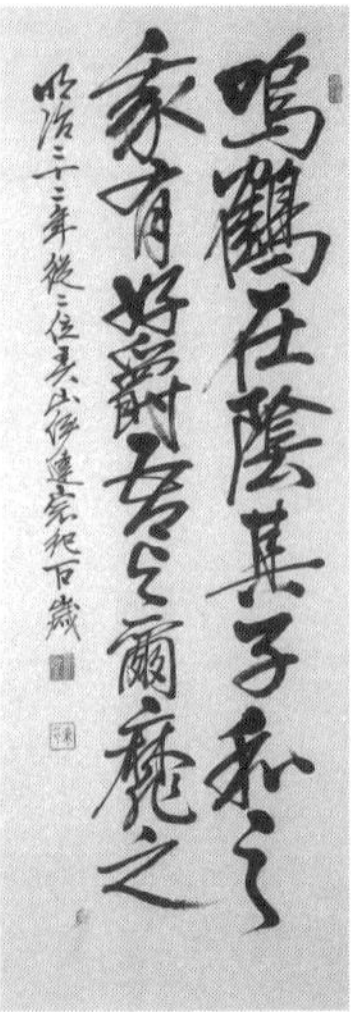

春山百歳の書（宇和島伊達文化保存会蔵）

斉昭も宗城を気に入り、天保十年、息女の賢姫《さか》（佐加子、側室萩原氏の長女）を娶らせることにした。六月二十五日の婚礼に向け準備中、六月五日の結納《ゆいのう》の前日、賢姫は急逝（『徳川諸家系譜』）した。伊達家の記録では、六月七日に「俄《にわか》の差し込み」で急死★したという。十七歳であった。

必戦論者の斉昭は攘夷のための軍艦・大砲製造を説き、宗城はこれに同調し、水戸藩から高島秋帆《しゅうはん》伝来の砲術を導入し、洋書をしばしば借覧した。後年になると、互いに最新の洋書の貸し借りをしている。

宗紀は江戸在府のおり、牛込美男坂上の旗本山口直勝を訪ね、幼い亀三郎（宗城）を膝の上にのせたこともあった。遠慮のない関係なので、養嗣子としてからも厳しく養育した。文政十二年（一八二九）七月二日（宗紀四十歳）、江戸上屋敷に迎えてまもない知次郎（宗城十二歳）の習字の清書が、巧みに修正してあるのを見破り、叱責した。宗城が剣術の稽古で怪我をした時も、何のそれしきと叱咤している。

弘化元年（一八四四）七月十六日、宗紀は五十三歳で致仕し、伊予守となり、宗城が襲封し、遠江守となった。江戸育ちの宗城はぐずぐずしたことが嫌いで、喋り方も早口であった。庄左衛門か長左衛門かわからなかったので、二人が罷り出たという話もある。

七代藩主宗紀（春山）
（宇和島伊達文化保存会蔵）

▼急死
伊達家記録では、結婚の前年から鼻血が出ることがあり、結納一カ月前からは鼻血と差込みが増え、食欲減退し、結納の二日前に大量の鼻血が出て昏睡、死亡したという。

春山公辞世の短冊
辞世／遺言
世の中を
よきも夢　あしきも夢の
捨てて今より　後は極楽
春山
（宇和島伊達文化保存会蔵）

② 蘭癖大名宗城の富国強兵

八代宗城は水戸斉昭に傾倒する蘭癖大名。尊王憂国の賢侯として富国強兵に邁進。幕府お尋ね者の高野長英を招聘、長英退去後は村田蔵六（大村益次郎）を迎えた。蒸気船建造に一藩割拠の夢を託し、市井の職人を登用、純国産第一号を完成させる。

宇和島藩の軍事近代化

宇和島藩の砲術は、六つの流派があったが、いずれも古流であり、宗城《むねなり》は最新の砲術を導入し、これを威遠《いえん》流と称して一元化した。弘化元年（一八四四）には仏海寺前に焔硝製造場が設置され、弘化二年、板倉志摩之助の申し出により、金剛山往還杉馬場に大砲★鋳造場（大筒鋳立《いたて》場）を開設した。

弘化四年、宗城は幕府から砲術蘭書を借覧している。五月に帰国すると、威遠流の演習を頻繁に実施した。古来より軽卒の武器であった鉄砲も、下士だけでなく上士も習熟するよう命じ、弓組を鉄砲組に改編した。八月からは大砲の試射を何度も実施し、宗城も自ら試射した。二十三日には実に二四三発を発射している。軍事訓練を繰り返し、宗城が発案した歩行訓練（足並太鼓《あしなみだいこ》）を試した。

「操真風海上試大銃図」
真風は薩摩藩から譲渡された
（宇和島伊達文化保存会蔵）

▼大砲
宇和島藩製造の大砲は旧式の青銅製で、鉄製ではない。

九月二十七日、鉄砲、四貫目モルチール砲、野戦砲四座を出して宇和島藩最初の洋式軍事訓練★（銃隊はイギリス式、砲隊はオランダ式）を行った。久良《ひさよし》湾の砲台築造に向けて、十月十三日、御庄組深浦に弾薬庫の建設を始めた。野戦銃（新型火縄銃）の製造も始めている。

文化九年（一八一二）九月四日、八幡浜の商家に生まれた嘉蔵《かぞう》（のちに喜市、前原巧山）は、大坂、吉田と転々としたが、天保九年（一八三八）、城下の本町五丁目に移り住み、仏具、具足、提灯などの細工師を始めた。器用という評判であった。安政元年（一八五四）、本町の豪商清家市郎左衛門が訪ねてきて、南蛮式の蒸気船をつくれという。お殿様の命というので、嘉蔵は網曳き用の轆轤《ろくろ》にヒントを得て蒸気船の外輪車の仕掛けをつくって上覧した。よくできており、二人扶持五俵で御船手方に登用された。

嘉蔵は三度にわたって長崎に留学し、苦学して造船技術ほか、西洋の先端技術を学んだ。安政三年から四年にかけ、苦心惨憺して鋳物の蒸気機関を完成したが、稼働実験は失敗し、「おつぶし方」と嘲笑された。嘉蔵は薩摩藩（鹿児島藩）に研究に行き、成果を得て銅板による蒸気機関を実用化した。安政六年正月、蒸気機関を積み込んだ船の試運転に成功した。小型で速力も出なかったが、市井《しせい》の細工師がほぼ独力で蒸気船を完成したのである。薩摩藩に次いで二番目、純国産と

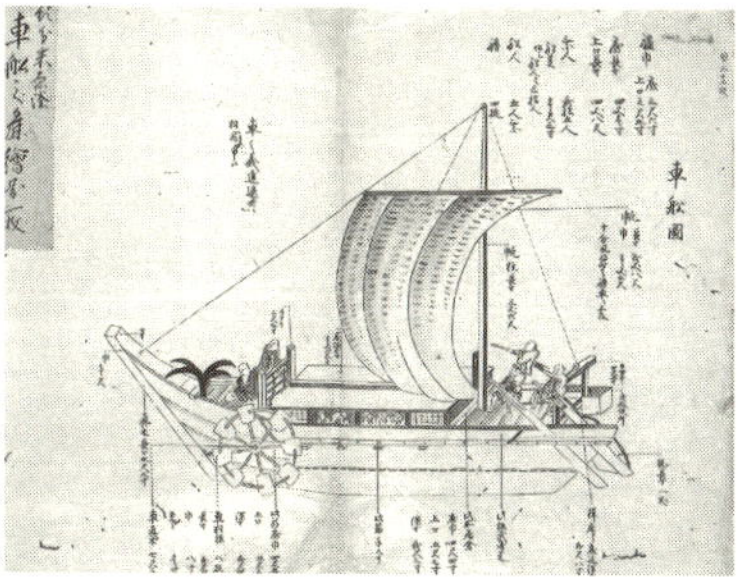

前原巧山が主導する蒸気船製造の過程で描かれた「車船之図」
（宇和島伊達文化保存会蔵）

▼軍事訓練
近代的な軍制が確立されるのは慶応二年（一八六六）で、砲兵と銃兵を三隊に編成、兵は家臣の当主と嫡男はもとより、庶子も含まれ、精兵は約五百人、町人、農民の志願兵「新調組」も加えると総勢約二千人と推定される。

しては最初の蒸気船である。

この功により三人扶持九俵に加増、譜代家臣に登用され、前原と名乗った。明治二年（一八六九）、藩は大型船を新造し、嘉蔵の蒸気機関を取り付け、翌年十月には大坂まで航海した。

造船のほか、物産方にも出仕し、木綿織機★、ミシン、ゲベール銃と雷管、藍玉、パンなどを製造した。巧山と号して悠々自適の晩年を送り、明治二十五年、八十一歳で没した。

司馬遼太郎に嘉蔵を主人公とした短篇「伊達の黒船」がある。

高野長英潜伏の影に蘭医あり

幕末の宇和島藩の蘭医は緒方洪庵《こうあん》門人一〇人、伊東玄朴門人一三人、鎌田玄台門人十人、華岡青洲門人五人、土生玄碩《はぶげんせき》門人一人、まさに「蘭学の宇和島」の面目躍如である。

弘化三年（一八四六）から江戸で天然痘（疱瘡《ほうそう》、痘瘡《とうそう》）が大流行し、死ぬ者も多かった。予防法は疱瘡の神に祈るか、呪《まじない》である。天然痘の鬼は赤い色に弱いとされ、金太郎、桃太郎、赤鍾馗《しょうき》、源為朝などの絵、赤い達磨などが用いられた。

弘化四年三月一日の江戸藩邸日記に、「正姫様疱瘡御平癒」とある。宗紀の命

前原巧山の墓（市内西江寺）

▼木綿織機
安政四年閏五月一日の宗城の日記には、前原喜市の織機の試運転に立ち会い、たちまち二、三寸ばかり織り出したのを見て、「其巧妙ナル、西洋人も低頭スルナラン」と感心した、とある。同年八月には、「亜米利加風写真鏡、前原喜市へ制作方、仰付ケ置カレシ処、今日差出シタルニ、至極精巧ニテ、御感心遊バサル」とある。

「鍾馗図」鳥居清忠筆
（宇和島伊達文化保存会蔵）

で、伊東玄朴と富澤礼中が正子（宗紀七女）に種痘したのは二月八日、十五日から発熱、やがて軽疱瘡と変じ、三月一日全快した。顔にわずか三個の薄い痘痕を残すのみで、玄朴は大いに賞せられた。

嘉永五年（一八五二）、宇和島に種痘所が設置され、伊東玄朴から技術を習得した富澤礼中を中心に、砂澤《いさざわ》杏雲、谷快堂★、賀古朴庵ら藩医が種痘にあたり、しだいに民間医師にも普及した。

余談だが、賀古朴庵は鶴を解剖して飛行機を製作し、飛んでみたが、落下して足を骨折した。賀古邸のあったあたりは賀古町とよばれている。富澤邸の付近は富澤町といっていたが、昭和四十一年の町名変更で抹消された。

嘉永元年（一八四八）三月、足軽二人を供にした富澤礼中が、出羽国浪人伊東瑞渓を道連れに宇和島へ向かっていた。おりしも宗城は、参勤のため上府の途中であった。三月二十一日、宗城、礼中、瑞渓は大坂屋敷で面談した。伊東瑞渓、実は幕府お尋ね者の高野長英《ちょうえい》で、礼中の旅の道連れを装って宇和島に向かうところであった。

宗城は長英の著書『夢物語』を読んでいた。長英も宗城に蘭書を献上し、宗城の知遇を得ていた。蛮社の獄★で入牢《じゅろう》した長英は、脱獄して行方不明になっていたが、幕臣で数学者の内田弥太郎らが江戸でひそかに保護していた。宗城の腹心松根図書が、内田を通じて極秘裡に長英の招聘を計画したようである。

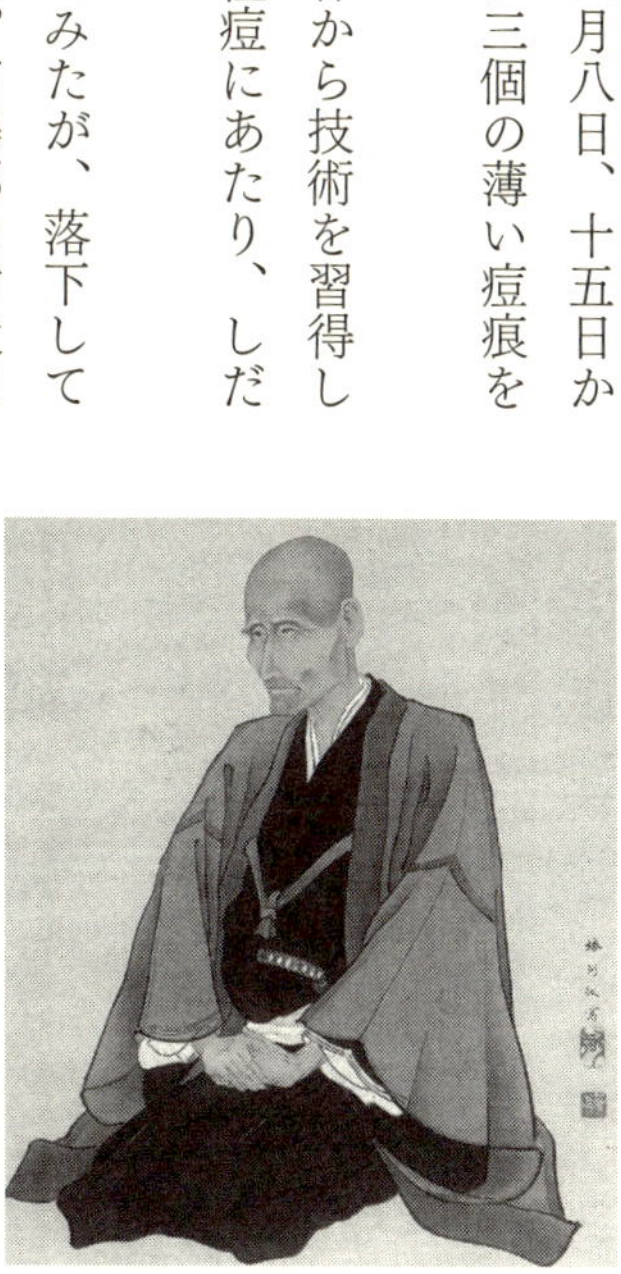

椿椿山筆「高野長英像」（重要文化財）（高野長英記念館蔵）

▼谷快堂
江戸でも宇和島でも、医師は家臣や奥女中と同様に屋敷に昼夜兼行で詰めていた。安政三年（一八五六）八月十五日の宗城の日記には、御前様（猶姫）及び側室栄（しげ）らと音曲を楽しみ、夜になると皆々酔っぱらって庭に出て騒ぎ、谷快堂が裸踊りをしたので、「おおわらひ」したとある。

▼蛮社の獄
天保十年（一八三九）五月の言論弾圧事件。

松根図書★は後年、以下のように述べている。

「内田弥太郎と話しているうち、長英のことになった。実は長英は生きている、と弥太郎がいう。それでひそかに麻布藪下の隠れ家を訪ねたが、不在だった。その後、弥太郎宅で酒を酌《く》んでいると、大坊主が現れた。奥州訛りから長英にちがいない。この日は三人で快談鯨飲した。宗城公に言上すると、宇和島潜行の内命があった」

四月二日深夜、長英は宇和島入りすると、町会所に止宿した。四日後、横新町の家老桜田佐渡の別荘に移った。

お雇い蘭学者長英の仕事は蘭書★の翻訳と蘭学教授であった。四月二十三日、谷依中、土居直三郎、大野昌三郎が門下生となり、シーボルト門人で卯之町の医師二宮敬作★の子の逸二も学僕となった。十一月六日には昌三郎の実兄斎藤丈蔵も門人となった。長英は学塾を五岳堂と命名した。

十一月二十二日、板倉志摩之助、松田源五左衛門が長英を伴って御庄へ行き、一週間余り、砲台候補地の久良湾で現地調査を行った。長英は設計図を書いて献上し、嘉永三年の夏頃、久良砲台が完成した。

翌る嘉永二年春（一月下旬ないし二月上旬）、長英は宇和島を去った。琴平、広島、鹿児島を巡って、五月下旬に宇和島に戻り、しばらく卯之町の二宮敬作にかくまわれた。大野昌三郎は何度も長英を訪ねた。大野によれば、長英は宇和島

▼松根図書
松根家の先祖は最上氏の家臣。先祖の松根新八郎が武者修行中、侍の幽霊に頼まれて仇討を助けたところ、幽霊はその礼に血の滴る生首をくれた。以後、松根家は生首を旗印にし、兜の前立てにも用いた。後年、生首は金剛山大隆寺に移され、首塚が今に残る。なお、図書の孫は俳人松根東洋城。

▼蘭書
宗城が蒐集した蘭書の七四パーセントは軍事関係書、辞書が九パーセント、医学書六パーセント、化学書二パーセントである。

▼二宮敬作
文化元年（一八〇四）、宇和郡磯崎浦（現・八幡浜市保内町）に生まれる。長崎の鳴滝塾でシーボルトに学び、シーボルトの江戸行きにも同行した。シーボルト事件に連座、投獄された。シーボルトの帰国に際し、娘イネの養育を託された。文久二年（一八六三）、長崎で没。

で軍艦の研究もしており、これからは蘭学ではなく洋学の時代であり、江戸で学ぶよう勧められたという。

余談だが、長英には下女があり、近所の髪結いの娘でとよといった。長英は逃亡生活の不安もあって朝から酒を飲み、その量一日三升に及んだという。長英は大量飲酒と公務のかたわら、とよと交わった。長英退去後、とよは男児を産んだが、とよと男児のその後は不詳である。

吉村昭が長篇『長英逃亡』で、長英の宇和島潜伏を描いている。

物産方を設置

安政三年（一八五六）、宇和島に物産方役所を設置し、特産品の開発製造販売に取り組んだ。朝鮮人参栽培、寒天製造から始め、薩摩の本草学者田原直助を招聘して領内の産物を研究させた。田原の著書『宇和島出産考』には、鉛、銅、砂鉄、燧《ひうち》石、陶器（御庄焼）、椎茸、樟脳、砥石などが記載されている。

若松総兵衛は物産方出仕のほか、藩船天竜丸☆の役所にも勤務していた。七百石積みの新造船天竜丸による江戸への直接販売も試みられた。

宗城は蒸気船時代を見据えて、福岡藩から技師☆を招き、石炭の埋蔵調査も行った。

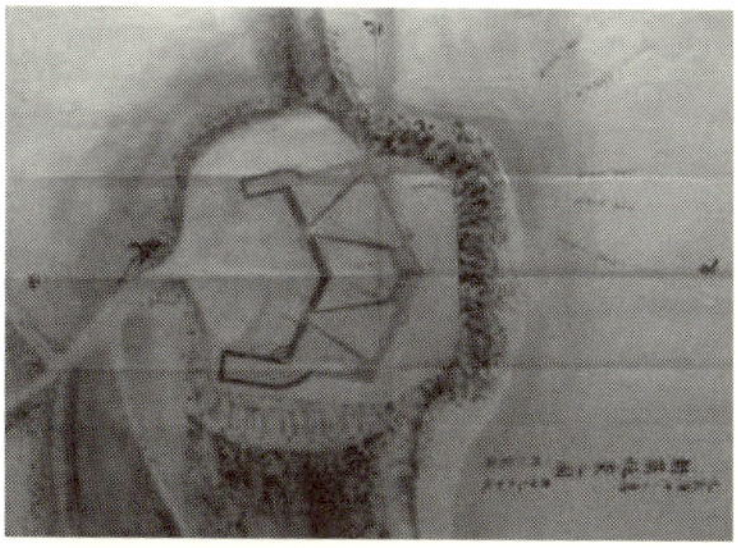

「久良砲台之図」
（宇和島伊達文化保存会蔵）

復元高野長英の隠れ家（宇和島市新町）

物産方が扱った品目には、櫨実・蠟・茶・銅鉱・五倍子《ふし》（お歯黒の原料）・蕨粉・棕櫚皮《しゅろかわ》・藍玉（藍染めの原料）・甘藷粉・鰑・鰹節・干鰯（肥料）・干鮑・煎《い》海鼠《なまこ》・海藻類などがある。結果的には、藩庫を潤すほどの実は上げられなかった。

大村益次郎とシーボルトの娘イネ

嘉永六年（一八五三）十月上旬、周防《すおう》の村医村田亮庵（村田蔵六、のちの大村益次郎）が、卯之町の二宮敬作、金剛山大隆寺の晦巌を訪ねたのち、藩士大野昌三郎と面談した。村田は緒方洪庵の適々斎塾に学び、塾頭を務めた俊才である。

翌年から村田蔵六は藩のお雇い蘭学者として兵学書の翻訳、洋式軍隊と軍艦建造の研究を行った。また、神田川《じんでん》沿いの戸板口の寓居で、藩士に洋学を講義した。シーボルトの娘失本《しいもと》イネは、初めは卯之町の二宮敬作邸から蔵六の塾に通っていたが、遠いので神田川沿いの富澤町に下宿したという。

伊達宗城は失本イネを楠本伊篤《くすもといとく》と改名★させた。失本はシーボルトを日本語になぞらえたものであるが、宗城は失本は語感が悪いとして改名させたのである。

二宮敬作、前原巧山らと長崎に派遣された村田蔵六は、安政二年（一八五五）三月から軍艦雛形の製造に着手し、九月一日、軍艦雛形（動力機関なし）は、宇和島湾内の試運転に成功し、蔵六らは褒賞された。また、宇和島湾口の樺崎と恵

▽天竜丸
当時、瀬戸内海には二千石積みの大型和船が航行していたが、宇和島藩の造船技術では七百石積みの天竜丸が限界であった。

▽技師
福岡藩士中村彦四郎以下六名。安政元年五月十六日から翌月下旬まで試掘した。「朝夕一汁二菜夜一汁一菜、酒を好マバ毎夜少許肴ヲ出サシム」という厚遇で、帰国時には中村に金千五百疋と国産焔硝十斤、掘子頭取五名に金二両と菱木綿一反を下賜した。

楠本伊篤
（大洲市立博物館蔵）

▼改名
宗城とイネに以下のようなやりとりがあったという。「本を失うでは縁起が悪い。先祖は誰か」「楠木正成でございます」「では楠本がよい。名は伊達の一字をあげるから伊篤としなさい」。

美須山に砲台を建造した。

翌年、宗城の上府に随行し、宇和島藩士の身分で幕府の蕃書調所の助教授、講武所の砲術教授に迎えられたが、その才能を乞われて長州藩に仕官した。蔵六の宇和島滞在は約二年半、藩士在籍は約四年である。

村田蔵六を司馬遼太郎が長篇『花神』に、楠本伊篤を吉村昭が長篇『ふぉんしいほるとの娘』に描いている。『花神』はイネと蔵六に情交があったかのように描いているが、蔵六は妻お琴を呼び寄せており、まずあり得ない話である。イネは大野昌三郎と同棲（事実婚）していた。慶応元年（一八六五）四月十七日、大野昌三郎はイネと同居している旨、藩に届け出ているのである。慶応三年八月十日、イネは藩主宗徳《むねえ》の継室佳子の出産に立ち会い、泊り番をしている。死産であった。

村田蔵六（大村益次郎）像

これも宇和島

蘭学の小道

市内神田《じんでん》川沿いの道は、司馬遼太郎、吉村昭が何度となく歩いた道で、「幕末維新の小道」、あるいは「蘭学の小道」とでも呼びたい小道である。

上流の仏性山光国寺あたりから下流に向けて歩いてみることにする。

光国橋を渡ると、光国寺があり、ここには明治の天才漢詩人中野逍遥、別府観光の恩人油屋熊八の墓がある。

せせらぎを聞きながら少し下ると、毛山《けやま》橋があり、さらに歩くと賀古橋がある。橋の右手が賀古町で、藩医賀古朴庵の邸があったところである。

少し歩くと神田橋がある。三瀬諸淵《みせもろぶち》と高子の新婚住居があったところで、ここでちょっと道草をする。

三瀬諸淵（周三）は天保十一年（一八四〇）十月一日、大洲《おおず》の塩問屋に生まれた。母は二宮敬作《けいさく》の姉である。長じて卯之町で開業中に二宮敬作に蘭学と医学を学んだ。敬作が準藩医に雇われると、諸淵も宇和島城下に移り住んだ。

この頃、村田蔵六（大村益次郎）や楠本イネが、神田川沿いに住んでおり、諸淵は蔵六から英語を、イネから蘭語と産科医学を学んだ。安政三年（一八五六）三月、敬作とともに長崎に遊学し、八月に帰国すると大洲肱川《ひじかわ》河原で電信実験に成功した。日本の電話の起源である。

翌年三月長崎のシーボルトの鳴滝邸に住みこんで、息子アレキサンダーに英語とドイツ語を学び、日本語を教えた。文久元年（一八六一）三月、シーボルトが幕府に招かれると諸淵も同行した。十月、幕府に解雇されたシーボルトは横浜を経て長崎に戻る。諸淵は町人でありながら帯刀していたとして大洲藩邸に幽閉され、まもなく佃島に投獄された。シーボルトに幕府の外交機密を教えたからとも、諸淵が幕府役人に対して傲岸僭越であったからともいわれる。

新婚の三瀬夫妻（大洲市立博物館蔵）

諸淵は獄中でも翻訳に勤《いそ》しみ、役人や囚人の治療、獄舎の衛生改善につとめた。伊達宗城の斡旋もあって、慶応元年（一八六五）八月、釈放された。出獄の時、幕府は紋服を与えたという。楠本イネは何よりもこれを喜び、伊達宗城夫人猶子にお礼を申し上げた。

十一月、諸淵は宇和島に招かれ、翌年、英蘭学稽古所を開設して教授となった。三月、楠本イネの一女高子と結婚した。この年、シーボルトがミュンヘンで死んでいる。

高子は数え年十六歳、猶子の御殿女中であった。祖母滝（シーボルトの日本妻）の血をひいて、高子は三絃、箏を能くした。

高子はイネが蘭医石井宗謙に強姦されて出来た子で、イネがつけたタダ子（天がただで授けた）という自虐的な名を、フェミニストの宗城が高子と改めさせた。

六月、英国艦隊来訪の際、諸淵は通訳を務め、正確な通訳と応接態度の立派なことに英国公使パークスは感嘆した。

明治元年（一八六八）、宗城が新政府の外務担当に任じられると、諸淵は通訳として活躍した。京都で刺客に襲われた大村益次郎の臨終を看取ったのが、三瀬夫妻とイネである。医学、語学、土木工学で業績を残し、明治十年十月十九日、三十九歳で他界した。

二十七歳で寡婦となった高子は医学の道に進むが、その人生はまことに数奇である。母楠本イネは長崎に向かう船中で石井宗謙に犯され、処女懐胎で高子を産んだ。高子は江戸に向かう船中で片桐重明という医師に強姦され、男児（周三と命名）を産んだ。美貌の母子にとって、石井と片桐は蛇蠍《だかつ》であった。

さて、しばし歩くと勧進橋がある。このあたりの町人が勧進講で架けた橋といわれる。この勧進橋の下流右岸に藩医富澤礼中にちなむ旧富澤町があり、楠本イネの居住跡地「オランダおいねの三角屋敷」がある。

さらに歩くと御通《おとおり》橋があり、左岸に伊達家菩提寺の法圓寺がある。四代村年夫人ほかの墓がある。

御通橋は歴代藩主が法圓寺に墓参する時に通ったので、この名がある。法圓寺は萩森宏綱《はぎのもりひろつな》が切腹した寺であり、宏綱と妻愛子の墓がある。宏綱の墓石の下には髷のある首が埋まっている。

幕末に卯之町の甲義堂（宇和島藩郷校）で漢学を教え、夏目漱石の『坊ちゃん』の漢文教師のモデルとされる左氏珠山《さししゅざん》の墓もある。

やがて左手に、戸板に乗せられた山家《やんべ》清兵衛の遺骸が運ばれたことに由来する戸板口があり、大村益次郎の住居跡地がある。豆腐が好物の益次郎は豆腐籠を提げてこのあたりを歩いた。住民に「お寒うございます」とあいさつされると、「冬は寒いのがあたりまえでござる」と答えたという逸話がある。

背の高い、碧眼のおイネも往来した。日傘をさし、日和下駄を鳴らしながら美少女の高子も歩いた。

川の流れがゆるやかになり、泰平橋がある。臨済宗妙心寺派禅寺の多い宇和島では唯一の曹洞宗の禅寺泰平寺がある。五代藩主村候に重用された藩校内徳館教授の藤好南皐《なんぷ》の墓がある。

ここから左に曲がると元結掛《もっといぎ》で、土居通夫の生誕地がある。また橋があるが、これが富田信高の家老由来の佐伯《さいき》橋である。

この橋の上で須藤頼明が農夫を無礼討ちした。手形改めの番所があったところでもある。

佐伯橋を渡って城山方向に三分ほど歩くと、天赦園、市立伊達博物館にいたる。佐伯橋の下流に明倫橋が見えるが、このあたりは河口である。

ここまで光国橋、毛山橋、賀古橋、神田橋、勧進橋、御通橋、泰平橋、佐伯橋と見てきたが、それぞれ橋と橋の間は徒歩一分ないし三分程度である。

龍馬と佐那と宇和島藩と

千葉佐那

嘉永六年（一八五三）、坂本龍馬は江戸京橋の桶町《おけちょう》千葉道場に入門し、道場主千葉定吉の息子重太郎に師事した。この時、重太郎の妹佐那《さな》と知り合った。

安政三年（一八五六）、千葉佐那は宇和島藩の奥女中となる。伊達宗城は五月九日の手留《てどめ》（メモ）に、こう記している。

「此度お正殿付に相成候さなと申候そばのものけんじつやりなきなたつかい候事見事女子にしてハ中々たつしやにてかんしんいたす」（正姫付きとなった佐那という側女中の剣術、槍、薙刀《なぎなた》等を見たが、女にしては達者なので感心した）

五月十八日記して、

「お正殿お節なきなたのかた四五本此間上り候そばのものにならひ覚候よしにてみる側のものハよほと上手にて男子もよはきものハまけそふ也さなと申きりよふもよほとよろしく」（正姫と節姫、長刀《なぎなた》の型を四、五本。先日採用の側女中に習うというので見た。非常に強く、男子でも弱い者は負けそうである。さなといい、容色もたいへんよい）

六月十九日の手留に、

「大膳さなと長刀けんじつするさなハきりやふも両やしき三奥にていちばんよろしくなきなたもよくつかい大膳もまけ候位扨々めつらしき人也」（宗徳が佐那と長刀の試合をした。佐那は容色も奥（女中）の中で一番よく、長刀をよく使い、宗徳も負けた。さてさて珍しい人である）

隠居宗紀は広尾の下屋敷（現・渋谷区恵比寿三丁目付近）に七女正姫、八女節姫と同居していた。宗城と宗徳は麻布龍土の上屋敷から広尾屋敷へ馬で訪れ、佐那の武術指南を見学したのである。宗徳は二十七歳、剣術は桃井《もものい》春蔵に学んでいたが、十九歳の千葉佐那と対戦して打ち負かされた。

宗城は佐那を美人であると二度までも書いている。このとき宗城は三十九歳。同席していたと思われる宗紀は六十七歳である。宗紀は七十歳にして女色を絶ったという逸話があり、佐那が絶倫老人にどのように見えたのか、残念ながら記録はない。

千葉佐那が奥女中（側の者）として招かれた経緯は不明である。同い歳の正姫（於正殿）、妹の節姫（於節殿）の家庭教師として、桶町の道場から広尾屋敷へ通ったのであるが、佐那は諸藩に招かれて武芸教授をしていたようである。

坂本龍馬

安政五年（一八五八）、龍馬は北辰一刀流の免許を受け、土佐に帰国する。文久元年（一八六一）、龍馬は宇和島城下に入り、町会所の二階に止宿して藩士と剣術の試合をした。剣術修行は諸藩探索、情報収集の名目である。剣の相手をしたのが児島惟謙《これかた》、土居通夫《みちお》である。龍馬は憂国慨世を獅子吼《ししく》し、児島と土居は大いに感化され、のちに脱藩して維新の志士となる。

文久二年、脱藩した龍馬は千葉道場に滞

在し、このとき佐那と婚約したようである。この頃、千葉重太郎に伴われて福井藩邸に剣術指導に出かけ、松平春嶽の知遇を得た。龍馬の国事奔走はこれ以後、暗殺されるまでの五年間である。

幕末のプリンセス正姫と慰めの箏

正姫は馬もたくみに乗りこなし、十二歳のときに種痘を受けるなど、活発な姫君であった。薙刀、剣術、居合、馬術にすぐれ、千葉佐那に免許皆伝されたほどであるが、箏も好んだという。

正姫は宗紀が宇和島の側室に生ませた娘であるが、天保十五年、七歳の時に江戸へ移った。諸藩と姻戚関係を構築する大名家の常であるが、正姫はしかるべき教育を受けるために江戸へ迎えられたのである。武芸、文芸、茶道、華道、書道、遊芸のそれぞれに家庭教師がつけられた。宗紀は長女から六女までを一歳から八歳で失っており、七女正子と八女節子は掌中の珠であった。

広尾屋敷には正姫の部屋が設けられていた。正姫はこの個室に閉じこもっていたわけではなく、母となった宗紀正室の観子に伴われ、江戸の名所や神社仏閣などを盛んに見物している。この時期の伊達家は宗紀夫婦、宗城夫婦、宗徳夫婦の三竈《さんそう》大家族であったから、年中行事のたびに祝儀を交換したり、団欒や宴を楽しんだ。また、春山をはじめ、賑やかなことが好きな伊達家の人々は毎晩のように宴を催して、正姫、節姫の歌舞音曲を賞でた。

武芸は千葉佐那の免許皆伝、音曲にも堪能、種痘のおかげで顔にわずかな痘瘡痕しかとどめぬ正姫は、まさに幕末の華やかなプリンセスである。写真が残っていないのが残念だが、兄の藩主宗徳の眉目秀麗からも推して知るべしである。

正姫は二十一歳で島原藩六万五千石五代藩主松平忠精《ただきよ》の継室として嫁いだ。島原藩邸は数寄屋橋近くにあったので「数寄屋橋奥方様」とよばれたが、新婚わずか五カ月で二十八歳の夫は国許の島原で病没した。急遽、宗紀五男で正姫の弟の永麿が養嗣子となるが、翌年十九歳で死去した。

若くして真鏡尼となった正姫を慰めるため、伊達家は箏商（琴師）の重元（重本とも）に絢爛豪華な箏を製作させ、併せて追悼の詞を作って伊達家出入りの山木検校《けんぎょう》に作曲を依頼した。これが山田流箏曲の名作「松風《まつかぜ》」である。

真鏡院正姫は夫の菩提を弔いながら、明治四年（一八七一）、三十四歳で亡くなった。真鏡院殿普曜無染大姉の墓は島原市の本光寺にあり、伊達家家紋を施した長持が保存されている。慰めの箏は所在不明、伊達家には真鏡尼の和歌懐紙、短冊が残っている。その手蹟は他の姫君が連綿流麗に運筆しているのに比べ、大胆に墨継ぎし、いかにも闊達である。武芸では姉に一籌《いっちゅう》を輸《ゆ》する節姫は、和歌を得意とする地味なお姫様であるが、上総飯野藩二万石十代藩主保科正益《まさあり》に嫁いで保科節子となった。子宝にも恵まれ、宗城一家と旅行を楽しむなどした。長女（寧子《しずこ》と春山が命名）は三菱財閥の男爵岩崎久弥に嫁いだ。久弥が家族で撮った集合写真があり、岩崎弥太郎夫人も写っているが、寧子の美貌は隠れもなく、母節子、伯母正子もさだめしと思わせる。

これも宇和島

この人も宇和島人

児島惟謙《これかた》

天保八年（一八三七）二月一日、家老宍戸家の微禄の家臣金子惟彬《これあき》の二男として堀端通《ほりばたどおり》の宍戸屋敷の長屋に生まれた。豪農緒方家や豪商小西家に奉公し、文武に励んだ。尊王倒幕思想に傾倒し、坂本龍馬、五代友厚、桐野利秋らと往来。鳥羽・伏見の戦いに参戦、戊辰戦争を転戦し、会津落城を見て京都に帰った。明治四年、司法省出仕となる。大津事件（明治二十四年五月）では、大審院長として司法権の独立を主張し、適正な判決（死刑ではなく無期徒刑）を下すよう裁判官らを督励。後年、「護法の神」と称される。貴族院議員、衆議院議員、第二十四

銀行頭取などを歴任、関西大学の前身である関西法律学校の設立にも関わる。明治四十一年（一九〇八）七月一日、東京で死去。正三位勲二等に叙せられた。

土居通夫《みちお》

天保八年四月二十一日、下級藩士大塚南平の六男として城下元結掛《もっといぎ》に生まれた。児島惟謙は竹馬の友。文久元年、坂本龍馬が宇和島に滞在した時、剣術の試合をした。同三年十二月、四国を廻国修行し、翌年、大坂の鴻池家に奉公。慶応年間には尊王倒幕の志士として奔走。明治二年から新政府の役人となるが、同四年十一月に失職、大隈重信邸に寄寓する。同五年から東京裁判所、大阪上等裁判所、大審院、大阪控訴裁判所に勤務、十七年四月からは鴻池家顧問となる。関西財界に重きをなし、明治二十八年、大阪商業会議所第七代会頭となり、死ぬまで（二十二年間）在職。明治二十九年、伊達宗徳の第

五子を養嗣子とした。大正六年（一九一七）九月九日死去。

末広鉄腸

嘉永二年（一八四九）二月二十一日、城下笹町に藩士末広禎介の二男として生まれた。廃藩置県で神山県となった宇和島で役人となるが上役と衝突して辞職、大蔵省に出仕。東京曙新聞の主筆に招かれると、自由民権を主張して時弊を痛論した。明治八年六月二十八日、新聞紙条例が布告されると、敢然これを攻撃し、同条例によって罰金二十円・禁獄二カ月。出獄後は朝野新聞に転じ、ここでも筆禍によって罰金及び禁錮刑となった。明治十五年、糖尿病療養中、小説『二十三年未来記』を執筆、三〇万部を売り上げた。続いて書いた『雪中梅』、続篇『花間鶯』は明治政治小説の代表作。多額の印税を得た鉄腸は世界旅行に出発し、体験記『唖之旅行（正・続）』を出版。明治二十

三年、国会が開設されると、第一回衆議院選挙に当選、政治家として活躍が期待されたが、明治二十九年（一八九六）二月五日、四十八歳で病没。

穂積陳重《のぶしげ》

安政二年（一八五五）七月十一日、城下中町《なかのちょう》に生まれた。穂積家は学問の家系で、幼時から才能を発揮した。明治十四年、英・独の留学から帰国すると、文部省教官となり、渋沢栄一の長女歌子と結婚。日本で最初の法学博士となり、東大教授、同法学部長、最高裁判事を歴任した。貴族院議員も務め、大正四年、男爵に叙せられた。中央大学の前身「英吉利法律学校」の創立者。大正十五年（一九二六）四月八日死去。「民法の祖」と称ばれる。弟の八束《やつか》は憲法学者、長男重《しげ》遠《とう》も民法学者。陳重は郷土の発展のために尽力し、市民有志が銅像を建てようとしたが、「銅像となって仰がれるよりも、橋となって踏んでもらいたい」と辞退、辰野川に架かる穂積橋は今も人々に踏まれ続ける。

大和田建樹《たけき》

安政四年（一八五七）四月二十九日、城下丸之内に生まれた。十四歳の時、藩侯に「孝経」を講義した。明治十九年、東京高等師範学校の教授となるが、しだいに著述で活躍。筆一本で立つべきかどうか迷い、穂積陳重に相談したところ、「君の天稟は筆にある」の一言で文筆に専念。国文学・随筆・紀行文・詩歌に厖大な作品を残した。唱歌に「故郷の空」「鉄道唱歌」「青葉の笛」など。明治四十三年（一九一〇）十月十日、五十四歳で東京で病没。

油屋熊八

文久三年（一八六三）七月十六日、宇和郡佐田に生まれた。実家の米問屋（城下横新町）を経営、宇和島町議会議員を経て、三十歳で大阪に渡る。米相場で一攫千金、「油屋将軍」ともてはやされるが、日清戦争後の暴落で無一文に。渡米して皿洗いから再出発したが、志を得ず帰国。大分県別府で「亀の井旅館」を開業、アメリカで洗礼を受けた熊八は「旅人を優しく遇せよ」という聖書の章句を営業理念とし、大正十三年には外国人も泊まれる「亀の井ホテル」に発展させた。昭和二年（一九二七）、別府温泉（地獄）巡りの定期遊覧バスを開業、日本初の女性バスガイドを導入、美文調の語りを文壇の大御所菊池寛に監修させた。熊八は天才的アイディアマンで、「山は富士　海は瀬戸内　湯は別府」という惹句を案出し、その宣伝塔を富士山に立てたり、地図上の記号に過ぎなかった温泉記号を別府のシンボルマークとした。九州横断道路計画の提唱など、別府周辺の広域観光開発に尽力し、「別府観光の恩人」と称えられる。昭和十年（一九三五）三月二十七日、病没。

③

宗紀、宗城の国事斡旋

元旗本部屋住みの宗城は、庶民感覚にもすぐれ、フェミニストでこども好きだった。短気で早口、江戸っ子気質の大名宗城は、尊王翼幕家として辛抱強く国事に奔走。井伊直弼に依願隠居させられた宗城は、藩主の座を宗紀の子宗徳に譲って帰国する。

幕末の四賢侯

伊達宗城は、福井の松平慶永《よしなが》（春嶽《しゅんがく》）、土佐の山内豊信《とよしげ》（容堂）、薩摩の島津斉《なり》彬《あきら》・久光と列んで幕末の四賢侯といわれる。

松平春嶽の重臣中根雪江《ゆきえ》の文章を以下に意訳する。

「薩州公は大身で、英邁であり、諸侯や幕閣にも尊敬されている。春嶽公より二十ばかり年長であるが、互いに信頼して天下国家のことも相談されてきた。

宇和島公（宗城）は宇和島老公（宗紀）のお眼鏡で小身から出て養子になられたので、よくよく下情《かじょう》にも通じ、文学も心得られ、特に弁才があり、忠良英敏、幕府のお為を思われること薩州公と等しい。春嶽公より十歳ほど年長であるが、兄弟のように親しくされている。在国の時は文通して情報交換されているが、薩

8代藩主宗城肖像
（宇和島伊達文化保存会蔵）

州公と宇和島公は参勤交代の年次が春嶽公と異なるので、春夏に両公の在府がわずかに重なる時に往来し、書翰ではできない重要な相談をなさっている。

土州公も参勤の年次が異なるので春嶽公とは疎遠だったが、安政四年は在府されており、公務を通じて土州公が学才もあり、英明なことを春嶽公は知り、友誼《ゆうぎ》を結ばれた。土州公の忠直で義に富むことは比類ない。年齢も春嶽公と同年で、公は良友を得たと喜ばれ、両公は刎頸《ふんけい》の友である」

宗紀《むねただ》・宗城《むねなり》は、お由羅騒動★で紛擾《ふんじょう》する薩摩藩、藩主急死で絶家の危殆《きたい》にあった土佐藩、この両藩の藩主相続に関して老中首座阿部正弘★に斡旋《あっせん》し、斉彬、豊信の相続を支援している。このこともあって島津、山内両侯と宇和島侯とは昵懇《じっこん》であった。

それだけでなく、類は友をよぶの諺のとおり、四侯は親密に提携した。

宗城は水戸烈公と同じく初めは開国に反対であったが、多くの蘭書から海外事情を学び、慶永や斉彬の影響もあって開国派に転じた。斉彬とは書翰の往復だけでなく、互いの上屋敷（島津邸は芝新馬場）を往来し、両藩の機密情報まで交換し合う仲であった。宇和島藩の軍事改革★は薩摩藩からの伝習に負うところが大きい。

▼お由羅騒動
十代藩主斉興の後継をめぐって、島津久光（斉興側室お由羅の方の子）を擁立する一派と、嫡男斉彬を支持する一派が争った。

▼阿部正弘
宗城は阿部正弘と親しく往来していた。正弘は宗城夫人猶子の前夫阿部正寧の弟にあたる。なお、正弘の継室は松平慶永の養女。

▼宇和島藩の軍事改革
宗城は軍艦の購入と自力建造、鉄製大砲製造のための反射炉建造も目指していたが、宇和島藩の国力では無理で、佐賀藩、薩摩藩には及ぶべくもなかった。

ペリー来航と将軍継嗣問題

嘉永六年（一八五三）六月三日、ペリー率いる米国艦隊が浦賀沖に来航し、開国・通商を迫ると、国情は騒然とした。

宗紀はペリー来航にあたって、日本の独立独行のための期限付きの開国、軍事力の強化、幕政改革を建白した。特に軍艦製造には積極的で、図面を添えて幕閣に建言したが容れられなかった。徳川斉昭と宗紀は互いに相談して、海防の必要性、軍艦製造と台場築造を何度も幕府に説いている。

宗城は帰国中であったが、ただちに藩内に倹約令を発し、挙藩臨戦態勢★を命じた。善後策を講じるため、プチャーチン率いるロシア艦隊の長崎来航の情報を収集する一方、阿部正弘、松平慶永らと書翰を交換した。

宗城は自ら論文三篇を書いて家中に示した。「培勇録」は攘夷と日本精神の昂揚、軍艦建造の必要性、軍事力の強化を説き、「管見誌」は世界情勢を説明し、世界の中心である日本の植民地化の回避を説いている。江戸在府の藩士に対しては「定志編」によって江戸防衛のみならず、自国（宇和島）防衛の必要性を唱えた。これによって宗城は藩論を統一した。また、阿部正弘に軍艦の建造を願い出た。宗城の一藩割拠思想★の始まりである。

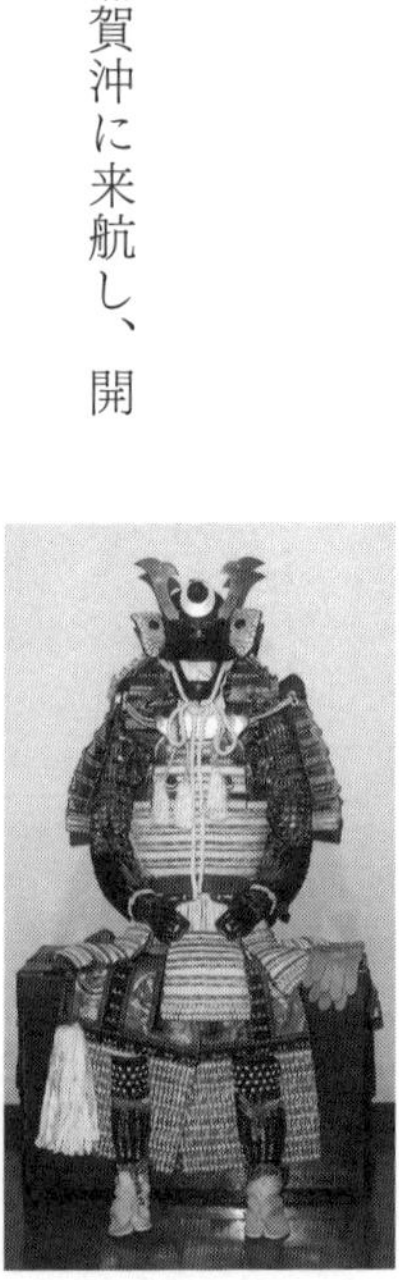

宗城所用の鎧

八代宗城所用の具足は「金小札野蚕（きんこざねのがいこ）威具足」といい、安政元年（一八五四）、水戸九代藩主徳川斉昭から贈られたもの。糸に野蚕のものを使用していることから野蚕威という。野蚕の糸は伸縮性に富み、光沢があり、容易には染色できないという特性がある。胴と草摺は卯の花色で、別名「金小札卯花威具足」ともいわれ、いかにも優美である。
斉昭が贈ったので、鋲には葵の紋がある。宗城は若い頃から徳川斉昭に傾倒し、斉昭も宗城を気に入り、娘賢姫と婚約させたが、輿入れの直前に急死した。具足は宗城を慰めるために贈られたものである。ほかに、斉昭が自ら鍛えた刀剣も贈られている
（宇和島伊達文化保存会蔵）

▼臨戦態勢
宗城の御相伴女中（側室）の栄（しげ）と奥女中たちは献金を申し出た。献金は軍事費に組み込まれた。

阿部正弘は開国問題に悩んだあげく、水戸烈公を海防掛参与に迎え、前代未聞のことであるが、諸大名、旗本、朝廷、町人にいたるまで開国に関する意見を諮問した。百家争鳴するばかりで、名案は望むべくもなかった。水戸烈公の参与就任に否定的だった老中松平忠優《ただます》（信州上田藩主）が危惧したとおり、幕府の威信を失墜させる結果となった。

黒船来航で国情紛糾する中、松平慶永、伊達宗城、山内豊信、島津斉彬らは、暗愚病弱で嗣子のない将軍家定では国難に対処できないと考え、水戸烈公の実子で英明を謳われる一橋慶喜《よしのぶ》の将軍擁立を図った（一橋派）。

一方、井伊直弼《なおすけ》ら譜代大名、水戸烈公を忌み嫌う大奥らは、徳川の血縁を重視して紀州家徳川慶福《よしとみ》（のちに家茂《いえもち》）を推した（南紀派）。

嘉永七年（一八五四）十一月四日八時頃、東海地方を大地震が直撃し、翌日の十六時頃、近畿一帯を同規模の大地震★が襲った。

嘉永は安政と改元されたが、一橋派と南紀派は互いに対立し、政局は混迷する一方だった。

井伊直弼とのかけひき

安政五年（一八五八）正月八日、阿部正弘の後継者である老中首座堀田正睦《まさよし》は、

▼一藩割拠思想
富国強兵により、一藩が独立して有事に備える考え方。

▼地震
安政の大地震。宇和島藩、吉田藩も家屋の倒壊や津波による被害があった。

箪笥墨書き
藩士薬師神頼親が、安政南海地震で山に避難したことを小箪笥の引き出しに記している
（個人蔵）

条約調印の勅許を得るため上洛した。将軍継嗣問題も激化していた。堀田は徳川斉昭と意見が合わず、一橋慶喜にも好感を持っていなかったが、孝明天皇をはじめ朝廷の頑迷強硬な攘夷論に接すると、朝廷に評判のよい慶喜を将軍に、大老に松平慶永を据えることで勅許を得られるのではないかと考え、一橋派となった。

　四月二十日、堀田が何の成果も得られず江戸に戻ると、老中次席松平伊賀守忠《ただ》固《かた》（忠優改め）らの工作により大老に井伊直弼が就任していた。宗城、松平慶永、山内豊信は伊賀守を除くことを密談し、愛牛（井伊のこと）と桐（伊賀守のこと）との離間《りかん》を画策した。

　四月二十六日、松平慶永の使者福井藩士橋本左内が宇和島藩邸に来て、宗紀による井伊直弼の説得を要請した。

　伊達家は初代秀宗の正室に彦根藩主井伊直政の女《むすめ》亀姫を迎えており、親戚にあたる。また、宝暦四年（一七五四）八月、彦根藩九代藩主井伊直禔《なおよし》が二十二歳で危篤状態になった時、伊達村候の弟の村銘《かた》を養嗣子に迎えようとしたが、同族ではないとの理由で幕府に許されず、叔父の直定が再封《さいほう》したということがあった。この時期にあって、伊予守宗紀は井伊直弼を説得できる唯一の人物であった。その立場は宗城と異なり、むしろ南紀派に近かった。

　四月二十九日、宗紀は大老井伊直弼を桜田門外の屋敷に訪ね、外交問題及び将軍継嗣問題について意見を交換した。この時、宗紀六十九歳、直弼四十四歳。

宗城書
得機而動則能成絶世之功
（機を得て動けばすなわちよく絶世の功を成す）
（宇和島伊達文化保存会蔵）

宗紀の斡旋は不調に終わった。五月になって、藩主宗城が井伊に面会し、慶永を京都に派遣すること、軍事改革のこと、貿易のこと、言論を開くことなどを説得したが、これも不調に終わった。

六月十八日夜、宗城と井伊大老との危急の面談があった。井伊曰く、「とうとう英仏の軍艦が天津を攻撃した。米国との修好通商条約の調印に勅許が必要なことは承知しているが、老中らは勅許を待っては手遅れとなるという。明日、諸大名にこのことにつき相談したい」

翌日、日米修好通商条約は調印された。

六月二十二日、直弼は宗城に書状（宇和島伊達文化保存会蔵）を送った。

「(下田奉行井上★と目付岩瀬★が）あっさりと調印したのには小生も驚いています。仕方のないこととなってしまい、不行き届きでもあり、大いに心配しています。何分、何分貴君の御忠節を力にして勤めたいと思っています。右のこと、とりあえずお伝えします。入道様（伊予守宗紀）にも宜しくお伝え下さい」

直弼の責任転嫁と宗城懐柔の意図が読み取れる。

直弼は、同日の夜もう一通書いている。

「山口丹波守の大目付就任、めでたく存じます。このことでご丁寧なお礼、痛み入ります。（この人事は）私が懇意にしているからではなく、衆目の一致するところです。ご心配には及びません。何卒、何卒ご精勤《せいきん》されるようお伝え下さい」

▼井上
下田奉行井上信濃守清直。

▼岩瀬
外国奉行岩瀬肥後守忠震（ただなり）。

山口丹波守直信は宗城の実兄である。大目付昇進は大抜擢であった。宗城牽制の意図も読める。

六月二十三日、無勅許調印の引責人事で堀田正睦、松平忠固が老中を罷免された。六月二十四日、調印に憤《いきどお》った水戸烈公徳川斉昭、尾張藩主徳川慶勝、松平慶永は登城して井伊直弼を詰問した。無勅許調印は事実上、一橋派の堀田ら幕臣の主導によるものであり、結局、井伊を論破できなかった。

七月五日、「不時登城で御政道を乱したのが台慮《だいりょ》（将軍の思召し）にふれた」との理由で、烈公は謹慎（駒込邸幽居）、慶勝と慶永は隠居謹慎、一橋慶喜は登城禁止を命じられた。宇和島藩士吉見長左衛門の自筆稿によれば、慶永の股肱で過激派の橋本左内はただちに挙兵を唱え、山内豊信を勧誘したという。

一方、薩摩在国の島津斉彬は藩兵五〇〇〇人を率いて上洛する計画であったが、七月八日、軍事演習を閲兵している最中に発病し、七月十六日、五十歳で急死した。宗城は八月七日、斉彬の訃報に接し、烈公の幽居に倍する衝撃を受けた。

八月八日、大名総登城の江戸城で直弼から将軍家定の死が公表された。斉彬が家定に嫁がせた篤姫《あつひめ》は天璋院となり、十三歳の慶福が十四代将軍家茂となった。南紀派の完勝である。

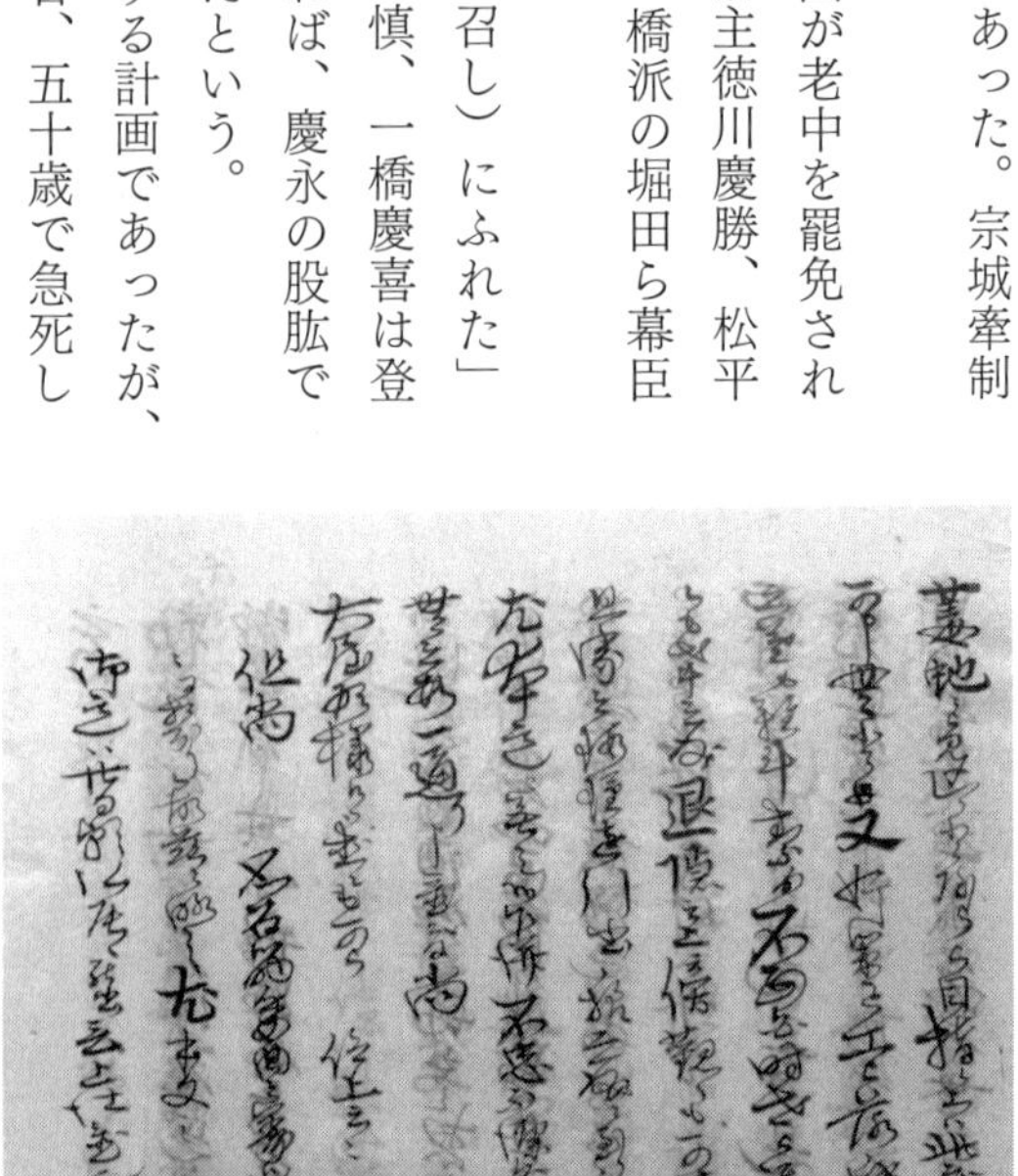

「毒蛇に見込まれ候とやら、目指され候上は此度は申すべくも無し……」と大老井伊直弼を「毒蛇」と記している宗城の日記
（宇和島伊達文化保存会蔵）

宗城の隠居と吉見長左衛門の重追放

九月十七日、宗紀が招かれて井伊邸を訪ねると、

一、宗城が前年の春、鍛冶橋内土佐藩邸で三条実万《さねつむ》★と密談し、その後も書翰を交わしたことは武家諸法度に違背する

二、宗城が小銃を江戸城に持参して諸大名に見せたのは不届きである

三、幕府と水戸藩へ下付された孝明天皇の勅諚が宗城の偽書であるとの嫌疑がある

直弼は、これが事実であれば幕譴は免れず、宇和島伊達家の家名に疵がつく、などと宗紀を脅し、親戚でもあるから穏便に取り計らいたい、と宗城の依願隠居を示唆した。

老公と井伊との交渉は五度に及んだ。宗紀が、ほかに理由があるのではないかと直弼に質《ただ》すと、幕閣が将軍継嗣問題での宗城の行動を問題にしていると答えた。本来、将軍家の問題に外様大名が容喙《ようかい》するのは越権ではあった。

密談の内容は逐一、宗城と腹心吉見長左衛門（左膳）に伝えられ、宗城は「毒蛇に見込まれたようなものである」と述懐した。

十月六日、土佐藩主山内豊信が広尾の下屋敷に宗紀を訪ね、

▼三条実万
朝廷の武家伝奏、内大臣。実万も安政の大獄で謹慎させられる。実万の室は山内豊策（かず）の息女で、子が三条実美。実万の養女正子が山内豊信の室。

「宗城公が隠居ということになると、大広間に同腹の諸侯もいなくなり、公と行動をともにしてきた自分も肚《はら》を決めなければならない。井伊がどう考えているか、聞いてほしい」

という。

十月十七日、宗紀は井伊直弼の側役《そばやく》宇津六之亟《ろくのじょう》を召し出し、山内豊信の引退問題について質し、翌々日、井伊邸を訪ねて直弼の考えを聞いた。二十一日、着府した土佐藩参政吉田東洋、麻田楠馬（麻）を広尾屋敷に召し出し、三条実万と密通した山内豊信の隠居謹慎が不可避であることを伝えた。その後、土佐藩邸を訪ねて豊信本人とも面談した。

十一月二十一日、吉田・麻田両人が、お礼の品（色紙五〇枚、鰹節五〇本）を持って広尾邸に宗紀を訪ねた。この日、宗城の用人吉見長左衛門が逮捕され、投獄された。吉見は高野長英来藩に関係するなど、藩の機密に関わる要職にあり、嘉永七年（一八五四）三月、参勤上府の途中、ペリーの黒船再訪★を偵察し、四月四日、江戸で宗城に報告している。吉見は橋本左内、水戸藩家老安島《あじま》帯刀、薩摩藩士日下部伊三治などと密接に往来していた。

十一月二十三日、四十一歳の宗城は病気を理由に隠居して伊予守となり、世子宗徳が襲封して遠江守となった。

宗城の隠居は依願引退であり、幕府の処分ではなかったので、山内容堂と松平

▼黒船再訪
藩士中井族之助（吉見と同行か）は、軍艦図、艦内図、艦載砲図、水兵服装図、条約調印応接所見取り図、ペリー似顔絵、艦隊停泊図等々、十六点の絵図を描いた。宗城は艦載砲の砲身が長いのを見て、宇和島で製造中の大砲の改鋳（長さ一丈一尺）を命じた。
宗城は嘉永四年一月二十四日付江戸発自筆書状で、参勤下向の迎え船（御座船大鵬丸）に「新造半度大砲一門玉薬五発分、新造ダライバス砲一座玉薬十発分」を船載せよと指示しており、火器に知識もあり、その充実に熱心だった。

春嶽は、春山と宗城が直弼と裏取り引きをしたのではないかと疑心暗鬼になった。事実、直弼とすれば一橋派を押さえ込む意図をもって宗紀、宗城父子としばしば面談、文通してきたのである。

十二月八日、水戸藩過激派の住谷《すみや》寅之助と大胡《だいご》聿蔵《いつぞう》が、おりからの大雪の中、宇和島を訪れ、藩士に決起（井伊暗殺）を説いた。★誰一人として呼応せず、十二日、住谷と大胡は空しく雪解けの泥濘《ぬかるみ》を踏んで宇和島を去った。

翌る安政六年（一八五九）四月十八日、大屋形様となった宗城は宇和島に帰国★し、川狩り、狩猟、舟遊び、遠乗りという隠居生活を始めた。

江戸では直弼の弾圧粛清（安政の大獄）が始まり、橋本左内は斬首、安島帯刀は切腹、日下部伊三治は獄死した。十月二十七日に吉田松陰が斬首され、この日、吉見は重追放処分となった。

吉見は十二月二十五日、宇和島に帰国した。宗城は表向き吉見家を断絶したが、「伊達家忠能之臣」と賞し、吉見は伊能下野《しもつけ》（のちに伊能友鷗）と改名した。宇和島藩は、吉見長左衛門の所在不明、と幕府に届け、伊能を宇和島の内政にあたらせた。

▼
二人は十一月二十三日、二十四日、土佐で坂本龍馬と面談している。

▼帰国
この時、完成したばかりの嘉蔵の蒸気船が宗城を佐田岬で出迎え、宗城は大喜びした。

桜田門外ノ変と「牛」

安政七年（一八六〇）三月三日、上巳《じょうし》★登城中の大老井伊直弼が水戸藩士らに討たれた。これを知った水戸烈公は欣喜雀躍し、「やったぞ　井伊の首が飛んだざまをみろ」と激越な漢詩を詠んだ。山内容堂も「井伊は地獄へ墜ちろ　彦根は犬か豚にくれてやれ」と得意の漢詩をものした。

宗城が井伊暗殺を知ったのは三月二十七日である。恵美須山で鹿狩りの最中、江戸からの文書が届いた。宗城は書状を読むと、供の桑折左衛門に、

「大猟」

と告げ、満足そうな表情を見せた。

三月十八日、安政は万延と改元され、八月十五日、徳川斉昭が死んだ。

安政の大獄と井伊直弼の暗殺によって幕府の権威がいよいよ失墜する中、文久二年（一八六二）五月、勅命により一橋慶喜が将軍後見職に、松平春嶽が政事総裁職に就任し、幕府に一橋派が復活した。将軍家茂と皇女和宮《かずのみや》の婚儀が成立し、公武合体が進められた。

ここで、井伊直弼の異名「愛牛」について書いておく。

彦根藩は近江牛の味噌漬けや干し肉を将軍や幕閣に贈り、珍重されていた。水

▼上巳
上巳の節句。在府大名は総登城する。

戸烈公は肺を病み、牛肉を薬食いしており、彦根藩から生肉一〇貫匁と味噌漬け一〇貫匁を船便で取り寄せ、帰り船に小梅の塩漬け一〇〇樽を返礼として積み込んでいた。

井伊が大老になると、領内の牛馬の屠殺を禁じた、といって近江牛の注文を断ってきた。烈公は再三、使者をやって近江牛を送るよう頼んだ。直弼は頑として応じない。とうとう江戸城で直談判に及んだが、「牛のすき焼きを食すなど、とんだ好き者」と痛罵された。

暗殺の十日後に早刷りで出された版画「桜田門牛騒動之図」には雪上の乱闘が描かれ、画面中央に牛の首、近江牛にまつわる前述のいきさつが書き込まれ、画面左下に「モウ御免と桜田門」「食べ物の恨みおそろし雪の朝」「大老が牛の代わりに首切られ」とある。井伊暗殺は主君の面子《めんつ》をつぶされた水戸藩士の仇討ちという話になっており、なんとも荒唐無稽ではあるが、直弼の屠殺禁止は事実で、これが「愛牛」のゆえんである。

さて、宇和島といえば闘牛である。井上靖の芥川賞受賞作「闘牛」で宇和島の闘牛は全国的に知られるようになった。平成の現在、闘牛は希少な伝承文化であり、宇和島市の重要な観光資源でもある。宇和島地方の闘牛の起源は不明であるが、安政三年八月二十日、郡奉行の比企藤馬・井関又右衛門・須藤段右衛門の三名連署で、野村組代官広瀬万次郎、緒方与次兵衛ほか庄屋に宛てた文書が、記録

宇和島市営闘牛場における闘牛

上の初見である。

「最近、闘牛（牛突き合わせ）を頻繁に催し、勝負を争い、そのため牛の価格が高騰し、出費も多くなっていると聞き及ぶ。このままでは先々難渋することになるし、風俗にもよくない。以後、みだりに闘牛をしないように」

とあり、闘牛を禁止している。「風俗宜しからざる」とあるのは賭博のことで、賭博ゆえに人々は熱中したのである。

宇和島伊達家系図

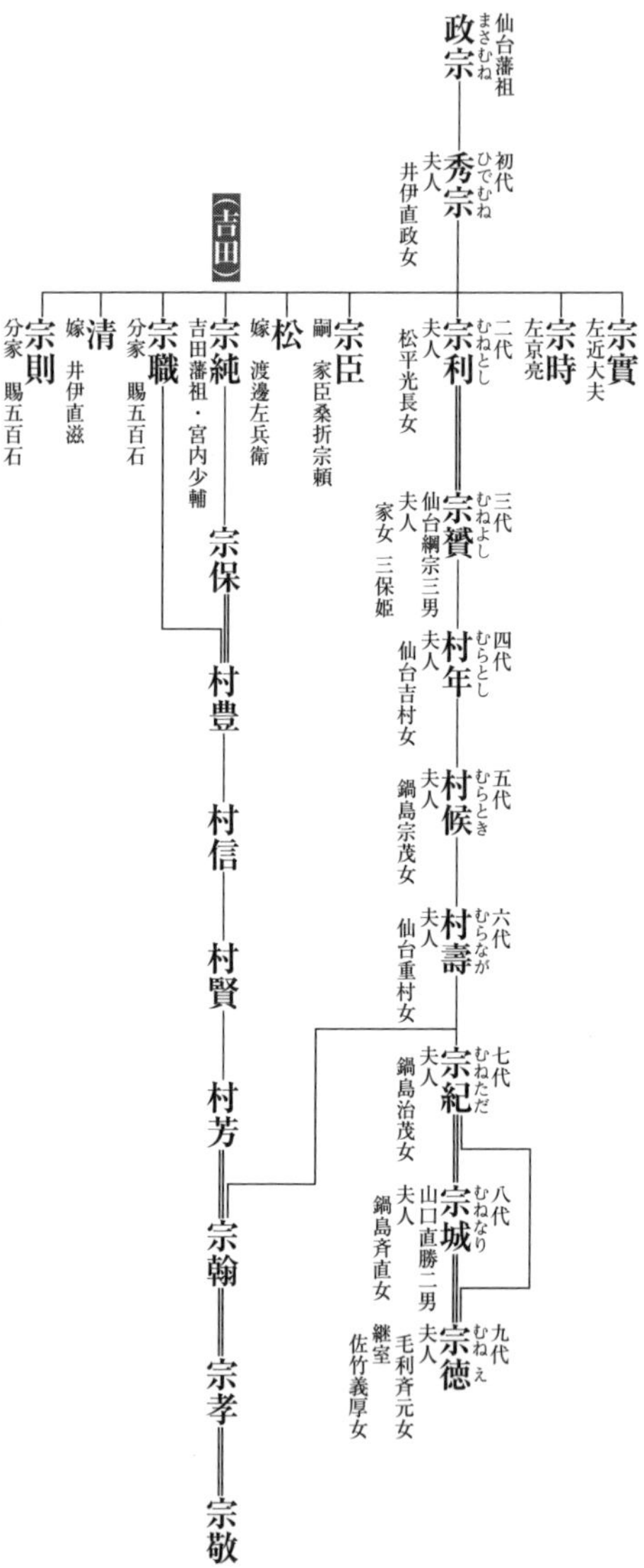

④ 宇和島藩の黄昏

孝明天皇に召し出された宗城は勇躍して上洛。「攘夷の血祭りに」と脅迫状が。
南海に伊達あり……英国公使パークス、アーネスト・サトウ、西郷隆盛が宇和島に。
歎くべし、惜しむべし、悲しむべし……献身的な周旋も空しく、徳川慶喜は朝敵に。

宗城、孝明天皇に拝謁

文久二年（一八六二）十一月十日の夜、大早飛脚便が宇和島の宗城に届いた。藩主宗徳が参勤交代の帰国途中、京都から発したもので、朝廷から宗城の上洛を促す沙汰書であった。父伊予守の忠誠はかねて叡聞《えいぶん》に達している、正論を訊きたい、と記してあった。これを読んだ宗城は、

「一読、思わず感涙した。愚劣・不肖・微力の自分への思いがけない勅命は冥《みょう》加《が》至極、有り難くも畏れ多く、立ちすくむ思いである。身命を抛《なげう》って天朝皇国のために尽力する覚悟である」

と日記に書いた。

十八日、宗徳が帰国着城。家老桑折駿河をお礼のため上洛させることとし、二

十日、御殿《ごてん》大広間に家臣一統を集め、ご沙汰書を拝聴させた。天皇からの出馬要請は前代未聞、家中は昂奮した。宗城に随行する藩士が決まると、選にもれた藩士たちは、我も加えよ、この少人数で如何するか、国脱け（脱藩）しても警護にあたりたい、などと騒いだ。

朝廷からは春山の上洛も促されていたが、春山は療養のため帰国途中で、伏見で沙汰を知った。七十三歳の春山は風邪を理由にそのまま帰国した。

春山、宗城、宗徳が宇和島に揃った。宗城の上洛問題ほか、三人による国事及び藩政の相談が行われた。

宗城主従は十二月二日、発駕した。総勢三〇〇人を超えると推定される。

京都は尊王攘夷の過激派浪士による殺害、梟首《きょうしゅ》、生晒《いきざら》し、脅迫が横行する、殺伐たる状況であった。

宗城は十二月十八日に入京した。二十日には、江戸に向かう佐賀藩の鍋島閑《かん》叟《そう》★と慌ただしく対面している。翌年二月中旬に予定されている将軍家茂の上洛に備え、連日、公武合体派の諸侯や公卿を訪問するほか、諸藩の藩士から情報を収集した。

翌る文久三年一月五日、後見職一橋慶喜が入京した。一月十日早朝、宗城の宿所である浄光寺（寺町四条下ル）の塀に貼り紙があった。

「宇和島老賊★は、幽閉されていたところを格別の朝恩で再出仕し、きっと国家

▼**鍋島閑叟**
佐賀藩十代藩主鍋島斉正（直正）。宗城夫人猶子の弟にあたる。文久元年、隠居して閑叟と号した。

▼**老賊**
老賊よばわりされた宗城は、以後しばらく、弄鏃（老賊）を戯号《ぎごう》に用いた。島津久光の大簡（大奸）、松平春嶽の朝笛（朝敵）も同様である。

の為に報恩するであろうと有志（尊王攘夷派）の者は期待していたが、入京後はもってのほかの因循偸安《いんじゅんとうあん》の説（公武合体論）を唱え、勅命に違背して尊攘派を離間し、天下大乱の基を起こしたのは言語に絶する、不届き至極、早々に改心して謝罪しなければ、旅館に討ち入って攘夷の血祭りにする」

家中はにわかに緊張し、国許からは宍戸次郎兵衛らが応援に派遣され、人選に洩れた大野昌三郎は国脱けして上京した。

宗城は公武合体派大名や穏健派公卿の結束を図り、幕府と朝廷の協調を進めようとしたが、尊攘派に圧倒された。上洛した薩摩藩士大久保一蔵は「天誅」を恐れて帰国するありさまだった。公武合体派諸侯は次々に帰国し、春嶽は政治総裁職を辞職した。「不忠不義なり、これまでの春嶽侯とも思えず」と宗城は記している。

宗城の第一次上京は低調に終わったが、孝明天皇に拝謁を許されて天盃を下賜されたこと、三月の攘夷祈願の加茂社行幸に将軍・諸大名とともに供奉《ぐぶ》（春嶽は不参）したことは、尊王家の宗城にとって桂冠であった。

加茂社で酒肴を賜ったが、その折敷《おしき》★に柳の小枝が添えてあった。諸侯はその小枝を冠に挿して前駆した。宗城がこの柳を持ち帰って鉢植えにしたところ、根付いて芽が出た。これは朝廷の威光が回復する徴《しるし》であると喜び、帰国すると庭に移植した。爾来、「冠の柳」「簪柳」として大切にされ、現在、伊達博物館前にある

▼折敷　食膳。

柳がその二代目である。

豚一殿に罵倒される

文久三年（一八六三）の前半は尊王攘夷運動が最も高潮し、天誅が横行し、その影響力は朝廷にまで及んでいた。孝明天皇は五月十日を攘夷決行と定め、将軍家茂に攘夷を約束させた。五月十日、長州藩はアメリカ商船を砲撃して攘夷を実行したが、家茂は江戸に戻った。

薩摩藩は会津藩と結び、中川宮朝彦《あさひこ》親王を擁して長州藩を京から排除し、これにつながる三条実美ら過激派公卿を京都から追放した（七卿落ち）。「八月十八日の政変」である。急進的な尊攘運動は退潮した。

時局収拾のため勅命によって島津久光、松平春嶽、山内容堂、伊達宗城、一橋慶喜が上京した。

文久四年正月、松平春嶽の提案で、四賢侯及び松平容保《かたもり》（会津藩主・京都守護職）、一橋慶喜の六名からなる参与会議（二条城会議）が開催された。主な議題は長州藩処分と横浜鎖港（攘夷案件）であったが、議論は空転して意見の一致をみることがなかった。

会議の行方を懸念した中川宮が二月十六日、自邸に酒席を設け、六名を招いた。

二代目・冠の柳（現在）

初代冠の柳（昭和30年代）

このとき慶喜は二十七歳、泥酔して春嶽・宗城・容堂を指さして中川宮に告げた。

「此三人は天下の大愚物、大奸物なるに何とて宮はご信用遊ばるゝか。（略）天下の後見職（慶喜）を三人の大愚物同様にはお見透《みとおし》あるべからず。畢竟《ひっきょう》三人の遊説をご信用遊ばさるればこそ今日の如き過誤を引き出したるなれ」（『徳川慶喜公伝』）

春嶽・宗城・容堂は三馬鹿大将で、自分と同じにしないでほしい、三馬鹿の意見を信用するからこんな時勢になったのである、と横浜鎖港に異を唱えた三公を罵倒した。慶喜は豚一殿★、強情公、二心殿などの異名があるが、この時は孝明天皇に心酔する攘夷論者であり、将軍後見職として雄藩を牽制したのである。酔ったふりをしての暴言、とも伝えられる。

参与会議はあえなく瓦解した。二月二十五日、山内容堂がいちはやく京都を退去すると、三月九日、一橋慶喜が辞職、宗城、久光、春嶽も四月には帰国した。

この政治的空白状態に乗じた長州藩は七月九日、武力で上京し、御所に発砲して禁門の変が起きた。勅命による長州征伐（幕長戦争）が始まり、幕府は二一藩に出兵を命じた。宇和島藩は、海路をとって徳山を攻撃する四国討手勢として松山、徳島、丸亀、今治の諸藩とともに出兵を命じられた。宇和島藩は二千二百ないし二千三百名の藩兵を動員した。また、伊達宗徳が長州藩主毛利敬親の妹婿★にあたることから、長州藩への処分の使者に任じられた。長州藩は幕府の処分を受

▼豚一殿
一橋慶喜は豚肉が大好物だったので、「豚肉好きの一橋殿」から豚一殿の異名があった。

▼妹婿
宗徳と毛利斉元二女孝子との結婚は嘉永四年（一八五一）三月五日、同六年一月十四日、孝子は死去。攘夷を実行したために外国艦隊に攻撃され、朝廷と幕府も敵に回して満身創痍の長州藩は、孝子との縁をもって宇和島藩の支持を得ようとするが、尊王翼幕家である宗城が尊王攘夷派の長州藩を支援することはなかった。

け入れ、十二月二十七日、幕府は諸藩に撤兵を命じた。

長州再征（第二次長州征伐）

幕長戦争はまもなく再燃し、慶応元年（一八六五）十一月七日、再び諸藩に長州征伐の動員命令が下された。翌年、宇和島藩は周防大島口攻撃隊（上之関口討手一之先）である松平隠岐守勝成（伊予松山藩主）の応援隊として出兵★するが、軍を佐田岬の三机まで進めると滞陣し、関ヶ原合戦の毛利の空弁当★のような挙に出た。宗城は長州征伐を愚挙とみなしていたし、毛利家が親戚筋にあたることもあり、そもそも派兵はしたくなかったのである。

慶応二年六月七日、幕府艦隊が周防大島への艦砲射撃を始めた。この頃、松根図書と嫡子内蔵《くら》が海外貿易用の蒸気船購入のため長崎に滞在していたが、英国公使ハリー・パークスから楠本イネと通訳アレキサンダー・フォン・シーボルト（シーボルト長男）を通じて、艦隊で宇和島を訪問したいとの申し出があり、「主人多年の素願である」として図書がこれを内諾した。これには長崎滞在中の薩摩藩士五代才助（のちの友厚）も関係していた。宇和島藩を長州攻撃に参加させないための西郷隆盛の画策ともいわれる。

洋銀三七〇〇ドルで購入した蒸気船「天保録」（オランダ製）は、宇和島へ廻

▼応援隊として出兵
宇和島軍は軍船の水夫等も含めると約八〇〇〇人。大規模であり、軍事演習を兼ねていたとも思われる。

▼毛利の空弁当
関ヶ原の戦いで、毛利宰相秀元が、西軍の長宗我部盛親の出陣要請に対し、「今、兵に弁当を使わせているから」と答え、敗戦を傍観したことから生まれた言葉。

航する途中、長崎で積載した小銃を小倉藩（幕府側）に輸送した。これは薩長に敵対視される一因となった。なお、船齢三十年の老朽船「天保録」は故障が多く、長崎へ廻漕する積み荷を腐らせてしまい、役に立たないので転売した。

キング提督が率いる英国東洋艦隊（プリンセス・ロイヤル号、サラミス号、サーベント号）の宇和島入港を恰好の口実に、宗徳は急ぎ軍を返した――艦隊受け入れについては松根図書が長崎奉行を通じて許可を得ていた。

サラミス号は下関海峡経由で来航したが、風雨のため、いったん、津島組下灘の須下に避難した。須下も波が高く、坪井浦の長蔵が水先案内して鼠鳴の湾口に停泊した。上陸した英兵は、担い棒を槍と勘違いして驚いたり、鳥賊や野菜を高値で買ったり、お歯黒をつけた女を追い払い、つけていない娘には盛んに手招きしたという。

六月二十四日午後三時、鹿児島から豊後水道経由でやってきた旗艦プリンセス・ロイヤル号（キング提督、通訳アレキサンダー、商人グラバーが乗船）、測量艦サーベント号の号砲が宇和島湾に轟いた。樺埼、恵美須山の砲台が祝砲一五発を撃つと、軍艦も礼砲一五発を撃った。

宇和島の住民は大砲の轟音には多少とも馴れていたが、黒煙を吐く軍艦には胆をつぶした。一目《ひと》、黒船を見ようと人々が押し寄せ、大騒ぎになった。事前に、船にも兵にも近づかないこと、上陸英兵に酒を供しないことなどが城下に布達されていたが、伝馬船を漕ぎ寄せる漁師もいた。

二十五日、宗城と宗徳（両殿様）が家臣数名と乗船し、半日ほどいた。宗城がワーテルローの戦いにおける戦術を話題にしたので、キング提督らは感嘆した。上陸した英兵は和霊神社で御神楽《おかぐら》を観たあと、娘の三絃手踊りと冷酒を楽しんだ。

翌日も両殿様は乗船し、前日同様に過ごした。英兵は猛暑の中、本町、裡町《うらまち》界隈を散策した。住民は歓迎し、果物を差し出す者もあった。散策後、和霊神社で前日同様のもてなしを受けた。プリンセス・ロイヤル号は一般公開され、老いも若きも群れをなして乗り込み、商人は物品を売った。

二十七日にはサラミス号（ハリー・パークスと夫人が乗船）も入港し、英兵二〇〇人との合同調練を三之丸練兵場で実施した。訓練後、西瓜、煎餅、砂糖水が振る舞われた。この日、三〇人ばかりの御殿女中が乗船し、黒船見物を満喫した。

二十八日、両殿様は家臣一〇〇人を率いて乗船し、艦隊操練、砲撃訓練を見学した。船上での饗応のあと、パークス、キング提督ら幹部二〇人が、樺崎港で西洋鞍をのせた藩の軍馬に乗り、本町通りから明倫館前を経て南御殿に着いた。客間で茶、煙草盆のもてなし、一汁二菜の饗応、二階に上がって酒宴、庭に出て剣術観戦、庭の散策、御本間脇での三味線音曲披露、御本間での二汁七菜の大宴会と続いた。太刀を持った小姓らを従えた、いかにも殿様然とした姿の春山が宴席に登場した。春山は公使館付き医師ウィリアム・ウィリスとトムス（船医か）の

伊予神楽より鈿女（うずめ）の舞い

健康診断を所望した。

翌日、診察の礼品を携えた春山、宿酔い気味の宗城がサラミス号に乗船した。宗城とパークスは、宇和島藩の緋九曜紋の船旗と英国軍艦旗を交換した。

七月二日の早朝、艦隊は横浜に向けて出港した。パークスの宇和島訪問は、幕府の貿易独占政策に対抗し、諸藩との交易の可能性を探るためでもあった。パークスは宇和島城下の風光絶景に感嘆し、噂にたがわぬ宗城の英明ぶりにも接することができたが、宇和島の産物は取るに足らないと判断した。

幕府は再び出兵を命じてきたが、宇和島藩は言を左右にして応じなかった。松山藩は交戦し、あえなく惨敗した。この時、藩兵が周防大島で略奪、強姦、虐殺を働いたので、長州閥に憎悪される原因となった。

七月二十日、二条城で将軍家茂が薨去《こうきょ》した。二十八日、大坂城の慶喜が徳川宗家相続を上奏し、翌日に勅許が下った。八月十一日、徳川十五代将軍慶喜は、大坂城に旗本を集め、長州大討ち込みの大演説をし、自ら出陣すると宣言した。三日後、小倉城陥落を知ると二心殿の面目躍如、停戦を決意し、止戦の勅命を願い出た。八月二十日、家茂薨去が公表され、翌日、慶喜は孝明天皇から停戦命令を引き出した

英国艦隊軍艦旗
横6メートル強、縦3メートル強。伊達博物館の幕末企画展などで見ることができる
（宇和島伊達文化保存会蔵）

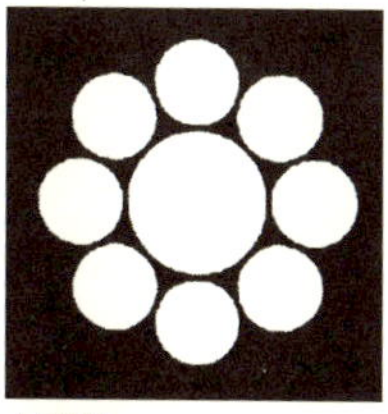
九曜紋
九曜紋は船の旗などに用いた

アーネスト・サトウ来る

慶応二年十二月一日（西暦一八六七年一月六日）、英国書記官アーネスト・サトウの乗るアーガス号が新年祝賀の名目で来港し、サトウは宗城と時局について論じた。サトウは自著『英国策論』を宗城が読んでいることを知った。『英国策論』は将軍元首否定論である。宗城は「フランスは嫌い、イギリスが好き」と告げ、英国の内政干渉を望む発言をしたが、サトウは英国が日本の内政に関わることは危険だと答えた。

この時の模様は、サトウの『一外交官の見た明治維新』に詳述されている。上陸すると黒山の人だかりとなり、群衆は衣服にさわったり、質問をしたが、その態度は丁重であった。サトウは安値で骨董品を買い漁った。

宗城、宗徳の両殿様の側室とその子女、奥女中らもアーガス号に乗船した。伊達家の女性たちはものおじせず、ヨーロッパの淑女のような気安さでサトウと会話をした。サトウは薩道の日本名を持つほど日本語が達者であった。サトウは、樺崎・恵美須山砲台隊長入江佐吉の自宅に招かれ、入江の部下も交えて酒宴となった。大酒したサトウは入江宅に泊まった。

翌日、射撃練習所（丸穂《まるお》村野川の猪越《ししごえ》）で乗組員と藩兵との射撃大会を開催し

アーネスト・サトウ

たところ、宇和島藩が勝った。浜御殿で野鴨、伊勢海老、鯛、烏賊、蒲鉾《かまぼこ》など贅《ぜい》美《び》を尽くした宇和島ならではの活《い》け盛り料理による歓迎パーティが開催された。歌や踊りで大いに盛り上がり、「ハレムの美女（御殿女中）」の歌舞音曲があった。泥酔した英兵のダンスには宗城も袴の股立《ももだ》ちを取って加わり、大いに羽目を外した。泥酔したサトウは松根図書の屋敷に泊まり、翌朝になって帰艦した。

一行は宇和島に二泊し、兵庫に向かった。

サトウは以下のように宇和島城下を活写している。

「美しい湾がほとんど陸に取り巻かれており、二〇〇〇フィートまでの高低さまざまな山に囲まれていた。町の東側のすぐ後ろに鬼ケ城すなわち〝悪魔の城〟の高峰が聳えている。藩主の城は町の右手にあり、きわだった目標となっていた。岸に近い、樹木の生い茂った低い丘の上にあって、三層の城楼からなり、二重の石垣に囲まれ、垣の上は白壁で、それがほとんど樹木の奥に隠れていた。その南に武家屋敷があるが、町人の居住区は、町が山に遮られて背後に余地がないため、東北の方へかなり長く延びていた。海岸は非常に浅く、これを利用して塩田を作り、堤防を築いて稲田としている。湾の両側に砲台があったが、実戦用というより、威嚇のものであった」

十二月二十五日、孝明天皇が崩御すると攘夷運動は急速に衰退し、以後、幕府・長州・薩摩の政権争奪戦が始まった。孝明天皇の後ろ盾を失った新将軍徳川慶

宇和海の幸が並ぶ「活盛り料理」

松根邸址
（現・市立宇和島病院北棟付近）

喜の課題は、慶応元年からの懸案事項である兵庫（神戸）開港問題であった。開港の勅許を得ることで、幕府の権力回復と薩摩藩の押さえ込みを図ろうと慶喜は闘志を燃やした。

西郷隆盛を引見する

薩摩藩は慶応二年（一八六六）一月に長州藩との協力を密約していたが、慶応三年の初めには長州藩の名誉回復と慶喜政権の弱体化（兵庫開港の阻止）を図るため、京都での四侯会議を立案した。

小松帯刀《たてわき》が松平春嶽の説得にあたり、西郷吉之助は二月に帰国して島津久光の同意を得ると、山内容堂、伊達宗城の説得にあたることとした。慶応三年二月十三日、西郷は鹿児島を汽船三邦丸で出発すると、十七日、容堂に面会して上京の約束を取り付けた。二十三日に西郷は（薩摩藩士吉井幸輔を伴って）来宇し、翌日、宗城と松根図書に面談して上洛を促した。

松根が藩庫の疲弊を理由に上京を渋ると、「これはご参政のお言葉とも思えず」と西郷は食い下がった。結論を得ぬまま酒席になると、

「吉之助は京になじみの女があるか」

宗城は、はぐらかすようなことを訊ねた。

「女？　それは、あるにはありますが」

「して、女の名は何という」

宗城が重ねて訊くと、

「それを申し上げても何の役にも立たず、今少し何か為になることをお訊ねいただきたい」

「そのほう、そこまで申すか。さりとは食えぬ奴」

宗城は結局、短期間の上京を約束した。西郷の狙いは、宗城をあわよくば薩摩陣営に抱き込む、もしくは中立、悪くとも佐幕派とさせないことにあったが、宗城は明言を避けた。西郷は宗城に失望し、宇和島公は賢公にあらず、と中岡慎太郎に伝えたという。

かつて伊達家の皆楽園跡地（市立伊達博物館前）に松の老木があり、この松の下で宗城と西郷が面談★したので「会見の松」と呼ばれていた。

三月五日と二十二日、慶喜は兵庫開港を朝廷に奏請したが、いずれも却下された。二十八日、慶喜は大坂城大広間に英仏蘭の公使を引見し、十二月兵庫開港を口約した。通訳はアーネスト・サトウで、「これまで見た日本人の中で最も貴族的な容貌の人で、色が白く、額が秀で、くっきりとした鼻筋の立派な紳士」と評している。押し出しのよい慶喜が、謡曲で鍛えた喉で音吐朗々と兵庫開港を約束したのである。このことはただちにパークスから薩摩藩に伝えられた。

▼面談
天赦園の潜渕館であったともいう。

潜渕館

大政奉還、王政復古、そして小御所会議

五月四日から福井藩邸、二条摂政邸、土佐藩邸、二条城などで四侯会議が開催されたが、長州処分と兵庫開港の優先順位を決めるだけでも結論を得られなかった。島津久光は、長州藩の（寛大な）処分を先決すべきと提案するが、宗城、春嶽、容堂、そして久光自身も内心では兵庫開港に賛成であったから、幕府牽制を目的とするこの会議は最初から迫力を欠いていた。容堂は欠席を繰り返した。

十四日、将軍慶喜を迎えての会議では、慶喜の各国代表への開港の約束が問題とされたが、慶喜は滔々と国際情勢を弁じ、開港の不可避を論じた。江戸育ちで弁舌家の宗城も、慶喜の雄弁には歯が立たなかった。慶喜は記念撮影を提案し、庭に出て五人で写真を撮った。晩餐《ばんさん》になり、酒が出る。老獪《ろうかい》な慶喜の独壇場で、会議は骨抜きにされた。泥酔★した宗城は春嶽の肩につかまって退出するありさまだった。

五月二十三日午後三時、長州処分をとりあえず寛大の処置とし、兵庫開港問題を解決しようと意気込む慶喜は、勇躍して参内した。摂政二条斉敬《なりゆき》以下、白塗りの公卿と対峙したが、四侯がいないので慶喜は急遽召集した。春嶽だけが五時頃に参上し、長州問題先決を主張した。宗城ら三侯は病気を理由に欠席した。容堂

▼泥酔
宗紀は二升酒も辞さぬ酒豪であったが、宗城も酒好きで寝酒を欠かさなかった。

は実際、歯痛に苦しんでいた。

朝議は夜を徹して行われ、翌日になっても続いた。全員、疲労困憊《こんぱい》して思考力を失った。結局、慶喜が驚異的な粘りを発揮し、開港の勅許を勝ち取った。

これ以後、西郷、大久保は雄藩連合から武力倒幕路線に方向転換した。山内容堂は薩摩藩と距離を置き、藩祖山内一豊以来の恩雇に鑑《かんが》み、徳川家擁護に傾斜する。六月、坂本龍馬の船中八策（公儀政体論）を聞いた土佐藩の後藤象二郎は、大政奉還建白を土佐在国の容堂に進言（確認）した。この頃、宗城周辺も騒がしく、諸藩の藩士と面会している。

七月二十七日、「阪下駿馬参、藤治同伴也。長談スル」と宗城の日記★にある。藤治は土佐藩士福岡藤次であり、阪下駿馬が坂本龍馬だとすれば、宗城と龍馬の唯一の接触と思われるが、長談の内容は伝えられていない。

宗城は八月十一日、春山病気を理由に帰国することとし、老中板倉勝静《かつきよ》に面会してこの旨を伝えた。「今ご帰省にては甚だ心細い。薩州などはあなたでなければとても抑えることはできない」と慰留されたが、

旅衣たちまよふかな雲霧のはれぬ都のあと思ひつゝ

と心境を詠んで出京し、二十三日、宇和島に帰国した。

十月十四日、将軍慶喜は山内容堂の意見を容れ、岩倉具視や西郷、大久保の武力倒幕を封殺するため、乾坤一擲《けんこんいってき》、国政を朝廷に返上（大政奉還★）した。この前

▼宗城の日記
宗城は記録魔で、公私を問わず日々の出来事を詳細に記録した。多忙の時は妻の猶姫に代行させた。宗城は速筆のせいもあってか、表記（用字）は無頓着、宛字が多く、人名なども適当に書いている。

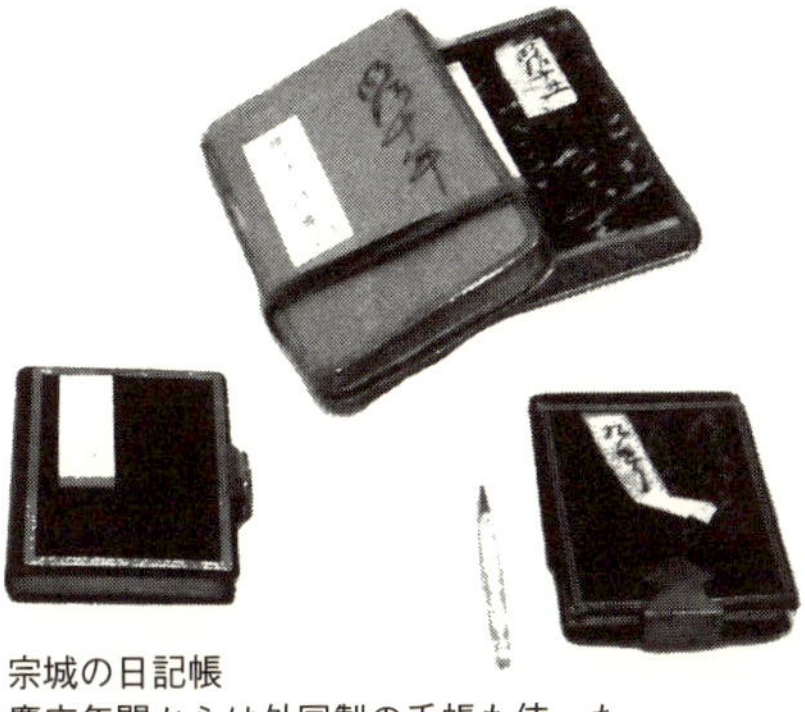

宗城の日記帳
慶応年間からは外国製の手帳も使った

▼大政奉還
政権返上を最初に口にしたのは松平春嶽で、文久三年二月十九日のことであり、龍馬の八策より四年以上も前のことである。龍馬が春嶽の意を受けて行動したとも考えられる。奉還については島津久光、伊達宗城、山内容堂も同意していた。

日、慶喜は諸藩の代表を二条城に召し出し、政権返上建白について諮問している。宇和島からは二十三歳の都筑温（鶴洲）が出席し、奉還に賛同する意見を述べた。諸藩を召し出したのは事務手続きに過ぎない。慶喜は、大政奉還という奇策に徳川家の命運を賭けたのである。容堂が土佐藩の命運を賭けたように……。

十二月九日、突如、王政復古の大号令が下された。倒幕派が反撃に出たのである。同日夜、小御所会議が開催され、四侯のうち在京の松平春嶽、山内容堂が議定として出席した。薩摩藩や岩倉具視らの主張する徳川慶喜譴責論、すなわち辞官納地（内大臣の辞職と幕府領地の返上）に、鯨海酔侯山内容堂は（泥酔していたという）猛反論し、徳川家擁護の論陣を張ったが、結局は岩倉具視、大久保利通の強硬論に圧倒された。西郷は藩兵で小御所を包囲し、威圧していた。

小御所会議には間に合わなかった宗城が四度目の上京をしたのは、十二月二十三日である。会津・桑名両藩を中心とする旧幕派と、薩摩・長州の倒幕派が対峙して、一触即発の危機にあった。宗城は二十八日、議定職（新政府軍参謀兼務）に任命された。宗城は容堂、春嶽らと両派の衝突を回避すべく画策したが、翌る慶応四年（一八六八）正月二日、慶喜は大軍を京都に進め、三日、鳥羽・伏見の戦いとなった。錦の御旗《みはた》が掲げられ、慶喜は朝敵★となった。宗城と春嶽は、戦いの原因は薩長の陰謀であり、合戦は幕府と薩長の私闘であるとした。宗城は憤然として議定の辞任を表明し、容堂もこれに同調した。

▼**朝敵**
宗城は悲憤慷慨し、「嗚呼、歎くべし、惜しむべし、悲しむべし、内府公（慶喜）恭順の義相違なく候処、終に冤罪を蒙られ――」と日記に書いた。

エピローグ

宇和島藩の終焉

水戸烈公から尊王教育を叩き込まれていた慶喜は、鳥羽・伏見の戦いで朝敵となると、江戸に逃げ帰り、ひたすら恐懼《きょうく》し、以後、国政の表舞台から退場した。

非戦中立の立場を取った宗城は、薩長の不信を招くところとなった。非戦の理由の一つに、十万石大名としての国力の限界がある。度重なる上京で、藩庫は枯渇し、町人、農民から献金を募るほどであった。

この時期、宗城にとって吉田藩も悩みの種であった。藩主伊達宗孝《むねみち》は実弟であるが、吉田藩主に迎えられても旗本部屋住み気質が抜けず、僻遠の吉田に帰国するのを嫌い、江戸に腰を据えて放蕩三昧、あげくは柳之間詰の諸大名に佐幕を説く始末だった。宗城が説諭して宗孝はしぶしぶ上洛し、朝廷に謝罪、隠居してことなきを得た。

宇和島藩は慶応四年（一八六八）二月、林玖十郎（のちの得能亜斯登《とくのうあすと》）が参与となり、東征大総督宮の参謀として、西郷隆盛と馬を並べて江戸に向かう。

仙台十三代藩主伊達慶邦《よしくに》は奥羽越列藩同盟の盟主として賊軍となった。慶邦は男子が育たなかったので、宇和島から宗城の二男宗敦《むねあつ》を養子に迎えていた。宗城は同族として責任を取るため、政府に辞職願いを出したが、受理されなかった。宗城は仙台藩に使者を送って降服を勧めるなど、仙台伊達家の存続に奔走した。

海外事情に通じた宗城は外国掛、外国事務総督、外国官知事を歴任した。九月八日、慶応は明治と改元され、九月二十日、宗城は明治天皇の東京遷都に供奉し、京都を出発した。三〇〇〇人の大行列であった。馬上颯爽たる宗城は「長面《ちょうめん》公」「長面生」の異名があったが、乗った人より馬が丸顔、と囁かれたかどうかは定かではない。

宗城の政治的立場は、水戸烈公譲りの過激な鎖国攘夷思想から、開国派、公武合体、雄藩連合、大政奉還と揺れ動いたが、一藩割拠主義にも固執し、勤王家であると同時に佐幕家でもあった。

宇和島藩は血で血を洗う藩内抗争もなく、脱藩した藩士も五、六名に過ぎない。伊予より人心おおらかな土佐でも、吉田東洋が暗殺され、岡田以蔵が梟首され、武市瑞山が切腹するなど、凄惨な殺し合いをしている。いわんや薩長両藩の流血は枚挙に遑がない。御三家の水戸藩も譜代の彦根藩も、いわば死屍累々である。宇和島藩ではそのような事例はなかった。幕末の宇和島藩は藩論を統制した宗城の独り舞台であった。

宗城は明治二年五月、箱館戦争に参戦しなかった責任を問われ、議定職等を免職されたが、四カ月後、松平慶永の推挙で民部卿兼大蔵卿として復職した。

長州征伐を避戦《ひせん》し、戊辰戦争にも参戦せず、いわゆる維新殉難者を一人も出していない宇和島藩は、まぎれもない幕末の雄藩でありながら、血の臭いがしないということできわめて異色である。逆にいえば、戊辰戦争を血をもって贖《あがな》わなかったために、明治新政府に有力な藩閥をもつことができず、これが明治以降の宇和島がぱっとしない理由といえよう。

慶応年間から宗城が使用した手帳が残っている。いずれも外国製の高級品で、中には名刺も入っている。宗城の危機意識と好奇心、情報収集力は図抜けており、諸大名の誰よりも外国通であった。慶応四年から明治四年にかけての活躍は目をみはるものがある。鉄道、電信、造幣、灯台など、新国家日本の近代化を推進した。しかし、薩・長・土・肥の旧下級武士出身の元勲《げんくん》にとって旧大名の宗城は煙たい存在でしかなかった。

明治四年（一八七一）四月、宗城は全権大使として日清修好条規の締結にあたるが、その内容を政府閣僚に非難され、九月二十七日、公職から退いた。政府官僚の旧宇和島藩士もこぞって帰国した。まさに、一将功成りて万骨枯る、惨憺たるものであった。なお、これに先立つ七月十四日、廃藩置県によって宇和島藩は消滅している。

明治二十四年四月二十三日、宗城の勲功をもって伊達宗徳は侯爵に叙せられた。朝敵となった仙台伊達家は伯爵である。村候の本末の争いから百四十一年を閲し、爵位においては、西の伊達が東の伊達の風上に立った。

あとがき

宇和島城を築城したのは誰か？　藤堂高虎、と答える宇和島市民は少なくない。誤りではないが、正確ではない。現存する天守は高虎由来のものではない。

仙台を訪ねた時、「宇和島？　伊達家の分家の宇和島だね」といわれた。伊達家の本家は仙台なのか？　宇和島藩は仙台藩の分家なのか？

困ったことに、宇和島市民の多くも仙台藩の分家であると信じている。実はそうではない、という説明をするのに時間がかかる。「詳しいことはこれを読んで」というような案内書もない。一般的には、市史（誌）や町史（誌）がこれにあたるが、いかなるわけか『宇和島市史』は内容貧寒、参考にならない。

初代秀宗から九代宗徳までを平明に案内した本がほしい。が、誰も書きそうにない。自分で書くよりほかはないと思い、発表のあてもなく数年前から断片のようなものを書きためていた。そのような時、本書の執筆依頼があった。僭越とは思ったが、お引き受けした。僭越と思ったのは、宇和島には専門家ばかりか、熱心に藩史を研究している市民も多く、歴史講座などもきわめて盛況だからである。

浅学菲才ゆえ執筆には苦心惨憺、七転八倒した。誤りもあるかと思うが、著者としてはなによりも物語としての面白さに意を須《もち》いた。藩主や夫人、家中、市中、郷中の人々の表情や肉声が髣髴《ほうふつ》とするものを書きたいと考えたのである。

「私の場合、歴史小説の時代背景は江戸末期を主としている。理由は、史実を記録したものが多く残っているからである」

吉村昭の「史実を歩く」の一節である。事実、七代宗紀、八代宗城あたりになると、文書情報は多数残っているが、記録に残っていないこと、判明していないこともまた多い。記録されたことですら、宇和島伊達家に伝わる約三万三〇〇〇点の文書類は、いまもって分析・研究の途上にある。

執筆中、しばしば痛感したのは歴史の反復性と連続性である。中村草田男は昭和六年、降る雪や明治は遠くなりにけり、と詠んだが、明治はさほど遠い時代ではない。筆者の母方の曾祖母は少女の頃、島屋旅館に奉公した。逃亡中の江藤新平が止宿した旅館である。また、拙宅は藩政時代に牢獄があった場所にある。近年の歴史ブームを見ると、明治時代も江戸時代も遠くなるどころか、近づいているような気さえする。

いうまでもないことだが、小著は先学の研究に負うところが大きい。この旨、特筆大書しておきたい。

平成二十三年七月佳日

参考文献

愛媛教育協會北宇和郡會編『北宇和郡誌』（關和洋紙店印刷部）
兵頭賢一著・伊達文化保存会監修・近藤俊文校注『伊達村壽公傳』（創泉堂出版）
兵頭賢一著・伊達文化保存会監修・近藤俊文校注『伊達宗紀公傳』（創泉堂出版）
兵頭賢一著・伊達文化保存会監修・近藤俊文校注『伊達宗城公傳』（創泉堂出版）
三好昌文『幕末期宇和島藩の動向』（佐川印刷株式会社）
三好昌文『宇和島藩の儒学と洋学』（佐川印刷株式会社）
三好昌文『宇和郡の庄屋と民衆』（佐川印刷株式会社）
三好昌文・蔦優・松岡明宏『松根図書関係文書』（佐川印刷株式会社）
三好昌文・蔦優『宇和島・鹿児島両藩交渉史料』（佐川印刷株式会社）
三好昌文『宇和島藩町方・殖産興業・軍事改革史料』（佐川印刷株式会社）
三好昌文『宇和島藩幕長戦争史料』（佐川印刷株式会社）
蔦優『宇和島藩の参勤交代』（宇和島文学歴史講座資料）
蔦優『伊達宗時・二代藩主になれなかった男』（宇和島文学歴史講座資料）
蔦優『宇和島藩の事件簿』（宇和島文学歴史講座資料）
蔦優『宇和島城下町探訪』（宇和島文学歴史講座資料）
谷有二『うわじま物語　大君の疑わしい友』（未來社）
谷有二『御旗本物語』（未來社）
神津陽『兎の耳　もう一つの伊達騒動』（創風社出版）
松本麟一『過ぎさりしも』（私家版）
篠崎充男『文宝日記を読む』（愛媛県文化振興財団）
木下博民『伊達宗禮理事長のご逝去を悼む』（南豫奨学会）
田中貞輝『宇和島藩領　高山浦幕末覚え書　ある古文書所持者がしたこと』（創風社出版）
海音寺潮五郎『武将列伝』（文春文庫）
海音寺潮五郎『列藩騒動録』（講談社文庫）
中嶋繁雄『諸藩騒動記』（立風書房）
福田千鶴『御家騒動』（中公新書）
石井良助『江戸の刑罰』（中公新書）
秋田忠俊『愛媛の文学散歩　一〜四』（愛媛文化双書刊行会）
谷岡武城『宇和島の文学』（新風社）
『明治百年の鼓動』（新愛媛新聞連載記事）
『図説江戸の司法警察事典』（柏書房）
『愛媛県の歴史』（山川出版）
『宇和島の自然と文化　四訂版・六訂版』（宇和島文化協会）
『宇和島をゆく』（アトラス出版）
『吉田町誌』（吉田町誌編纂委員会）
『松野町誌』（松野町誌編纂委員会）
『津島町誌』（津島町誌編纂委員会）
『宿毛市史』（宿毛市編）
『図録　しながわの大名下屋敷』（品川区立品川歴史館）
『宇和島伊達家伝来品図録』（宇和島市立伊達博物館）

右に掲げたほか、多数の文献・著書・新聞記事、「三浦家文書研究会」のホームページを参照した。

協力者

公益財団法人宇和島伊達文化保存会／宇和島市立伊達博物館／宇和島市教育委員会／佐川印刷株式会社

宇神幸男（うがみ・ゆきお）
昭和二十七年（一九五二）愛媛県宇和島市生まれ。
作家。『神宿る手』『ヴァルハラ城の悪魔』（講談社）、『水のゆくえ』（角川書店）、シリーズ藩物語『伊予吉田藩』（現代書館）などの著書がある。

シリーズ藩物語 宇和島藩

二〇一一年七月三十一日 第一版第一刷発行
二〇二三年七月二十五日 第一版第三刷発行

著者――――宇神幸男
発行者―――菊地泰博
発行所―――株式会社 現代書館
東京都千代田区飯田橋三―二―五 郵便番号 102-0072 http://www.gendaishokan.co.jp/
電話 03-3221-1321 FAX 03-3262-5906 振替 00120-3-83725
組版―――デザイン・編集室 エディット
装丁―――中山銀士＋杉山健慈
印刷―――平河工業社（本文）東光印刷所（カバー・表紙・見返し・帯）
製本―――越後堂製本
編集―――二又和仁
編集協力――黒澤 務
校正協力――岩田純子

 ISBN978-4-7684-7127-2

江戸末期の各藩

松前、**八戸**、七戸、黒石、**弘前**、**盛岡**、**一関**、**秋田**、亀田、本荘、秋田新田、仙台、松山、**新庄**、**庄内**、天童、長瀞、**山形**、上山、**米沢**、米沢新田、相馬、福島、**二本松**、**三春**、**会津**、**守山**、棚倉、平、湯長谷、泉、**村上**、黒川、三日市、**新発田**、村松、三根山、与板、**長岡**、椎谷、**高田**、糸魚川、松岡、笠間、宍戸、**水戸**、下館、結城、**古河**、下妻、府中、土浦、麻生、谷田部、牛久、大田原、黒羽、烏山、喜連川、**宇都宮・高徳**、**壬生**、吹上、**足利**、佐野、関宿、高岡、佐倉、小見川、多古、一宮、**生実**、鶴牧、久留里、大多喜、請西、飯野、佐貫、勝山、館山、岩槻、忍、岡部、**川越**、沼田、前橋、**伊勢崎**、館林、高崎、吉井、小幡、安中、七日市、飯山、須坂、**松代**、**上田**、**小諸**、岩村田、田野口、**松本**、諏訪、**高遠**、飯田、金沢、荻野山中、**小田原**、**沼津**、小島、田中、掛川、**相良**、横須賀、浜松、富山、加賀、**大聖寺**、郡上、高富、苗木、岩村、加納、大垣、高須、今尾、犬山、挙母、**岡崎**、西大平、西尾、**三河吉田**、**田原**、大垣新田、尾張、**刈谷**、西端、長島、**桑名**、神戸、菰野、亀山、津、久居、鳥羽、宮川、彦根、大溝、山上、西大路、三上、膳所、水口、丸岡、勝山、大野、**福井**、鯖江、**敦賀**、小浜、**淀**、新宮、田辺、紀州、峯山、宮津、田辺、綾部、山家、園部、亀山、福知山、柳生、柳本、芝村、郡山、小泉、櫛羅、高取、高槻、麻田、丹南、狭山、岸和田、伯太、豊岡、出石、柏原、篠山、尼崎、三田、三草、明石、小野、姫路、林田、安志、龍野、山崎、三日月、赤穂、鳥取、若桜、鹿野、**津山**、勝山、新見、岡山、庭瀬、足守、**岡田**、岡山新田、浅尾、備中松山、**鴨方**、**福山**、**広島**、広島新田、高松、丸亀、多度津、西条、小松、今治、松山、**大洲・新谷**、**伊予吉田**、**宇和島**、徳島、**土佐**、土佐新田、**松江**、広瀬、母里、浜田、津和野、岩国、徳山、長州、長府、清末、小倉、小倉新田、**福岡**、**秋月**、**久留米**、柳河、**三池**、蓮池、唐津、**佐賀**、**小城**、鹿島、大村、島原、平戸、平戸新田、**中津**、杵築、日出、**府内**、臼杵、**佐伯**、森、**岡**、熊本、熊本新田、宇土、人吉、延岡、高鍋、佐土原、飫肥、薩摩、対馬、五島（各藩名は版籍奉還時を基準とし、藩主家名ではなく、地名で統一した）　★太字は既刊

シリーズ藩物語・別巻『白河藩』（植村美洋著、一六〇〇円＋税）

シリーズ藩物語・別冊『それぞれの戊辰戦争』（佐藤竜一著、一六〇〇円＋税）

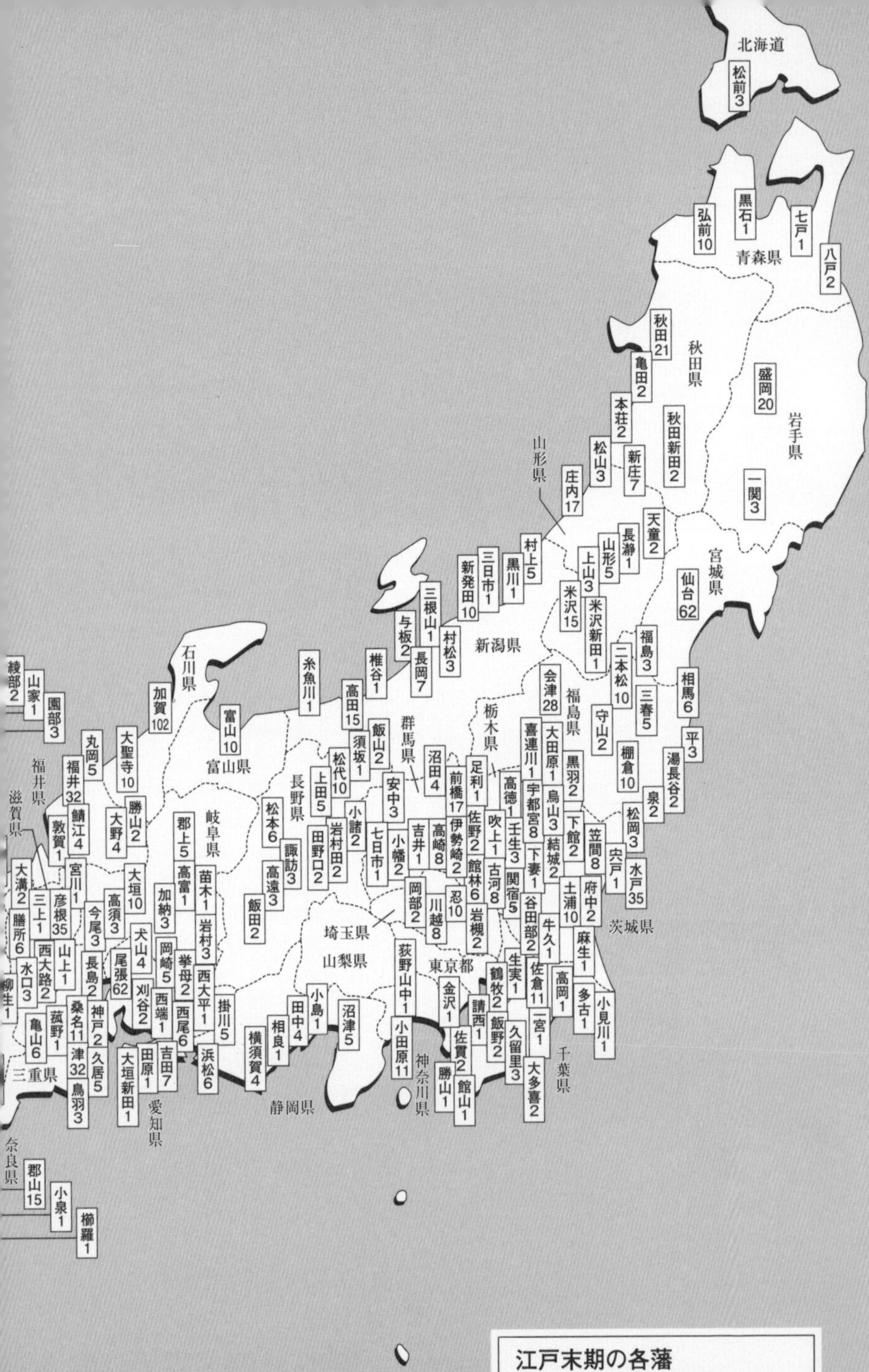

江戸末期の各藩
(数字は万石。万石以下は四捨五入)